# 地域民俗非物质文化遗产活态化保护研究

王晓芳◎著

重庆出版集团 重庆出版社

**图书在版编目 (CIP) 数据**

地域民俗非物质文化遗产活态化保护研究/王晓芳
著. —重庆:重庆出版社,2023.2
ISBN 978-7-229-17477-4

Ⅰ.①地… Ⅱ.①王… Ⅲ.①风俗习惯－非物质文化
遗产－保护－中国 Ⅳ.①K892.4

中国版本图书馆 CIP 数据核字(2022)第 254564 号

**地域民俗非物质文化遗产活态化保护研究**
DIYU MINSU FEIWUZHI WENHUA YICHAN HUOTAIHUA BAOHU YANJIU
王晓芳　著

责任编辑：钟丽娟
责任校对：杨　婧

重庆出版集团
重庆出版社　出版

重庆市南岸区南滨路 162 号 1 幢　邮编:400061　http://www.cqph.com
北京四海锦诚印刷技术有限公司印刷
重庆出版集团图书发行有限公司发行
E-MAIL:fxchu@cqph.com　邮购电话:023-61520646
全国新华书店经销

开本:787mm×1092mm　1/16　印张:9.75　字数:232千字
2023 年 7 月第 1 版　2023 年 7 月第 1 次印刷
ISBN 978-7-229-17477-4

**定价:58.00元**

如有印装质量问题,请向本集团图书发行有限公司调换:023-61520678

# 前　言

　　非物质文化遗产记录着人类社会的生产生活方式、风俗人情、文化理念等重要特性，蕴藏着世界各民族的文化基因、精神特质、价值观念、心理结构、气质情感等核心因素，是全人类共同的宝贵财富，是民族文化的重要载体，也是一个国家文化创作的历史体现。

　　保护传承非物质文化遗产是对人类文明的传承，是对世界文化的保护，是对社会进步的推动，是人类走向大同世界的文化基础。探索人类非物质文化遗产的传承保护与创新发展十分必要，特别是在依靠文化引领、科技支撑、需求导向、设计方法的新时代，非物质文化遗产的传承保护就显得尤为重要。地域民俗作为非物质文化遗产的重要组成部分，其传承是保护和利用非物质文化遗产的重要途径。鉴于此，作者结合自己多年的工作实践，悉心钻研，撰写了《地域民俗非物质文化遗产活态化保护研究》一书，希望本书的出版为我国非物质文化遗产的活态化保护与传承贡献一份力量。

　　本书以非物质文化遗产基础理论为切入点，重点探讨非物质文化遗产的价值与保护意义、非物质文化遗产传承与保护的原则与途径、非物质文化遗产保护现状与活态化保护、非物质文化遗产活态化保护与传承对策以及地域民俗非物质文化遗产活态化保护实践等相关内容。

　　在撰写本书的过程中，作者得到了许多专家学者的帮助和指导，参考了大量的学术文献，在此表示真诚的感谢！

　　限于作者水平有限，书中难免会有疏漏之处，希望广大同行及时指正。

# 目　录

# 第一章 非物质文化遗产的基础知识

## 第一节 非物质文化遗产初探

### 一、"非物质文化遗产"概念的提出

事实上，联合国教科文组织对非物质文化遗产的关注经历了一个渐进的过程，在保护自然遗产和文化遗产的过程中，逐渐认识到非物质文化遗产在整个遗产保护中的重要性和特殊性，进而将其提上了议事日程，并在世界范围内大力开展非物质文化遗产的保护活动。非物质文化遗产的保护既是世界遗产保护工作的深入，也是社会发展提出的新课题。在理解非物质文化遗产之前，我们有必要回顾联合国在保护遗产过程中的几个重要事件，正是这些事件推动了对非物质文化遗产的保护进程。

### （一）自然遗产与文化遗产概念的提出

1965 年，美国首先提出了"世界遗产信托基金"建议案，倡导通过国际合作保护"世界杰出的自然风景区和历史遗址"。1970 年，美国首次把这一设想写进了《国家环境政策法》。1972 年，美国同时颁布了《人类环境宣言》和《人类环境行动计划》。前者强调了人类与环境之间的密切关系，还把环境视为基本人权的重要组成部分："人类环境包括自然环境与人文环境两个方面，人类所享受的基本人权，甚至包括生存权利本身，都是必不可少的。"《人类环境行动计划》则建议，应当尽快制定《保护世界文化遗产与自然遗产公约》。这些具有前瞻性的建议获得了联合国教科文组织的重视和采纳。在 1972 年 11 月 16 日，联合国教科文组织在巴黎通过了《保护世界文化和自然遗产公约》（简称《世界遗产公约》），同时还颁布了《关于国家一级保护文化和自然遗产建议案》。这两个法案使"世界遗产""文化遗产"和"自然遗产"这些概念在国际上流行开来。事实上，当时的形势也促使联合国必须加强对世界遗产的保护。20 世纪 60 年代，埃及在尼罗河上游修建了阿斯旺水坝，致使两座千年神庙毁于一旦，尽管有许多呼吁，但仍未能遏止神庙的

厄运。更为严重的是，为了经济的发展，在 20 世纪 60—70 年代，全世界因为旅游和水利工程而毁掉的古迹要大大多于两次世界大战对古迹的破坏。这些事实和严峻的形势都促使联合国下决心来改变这种局面，也才引起了当时对保护世界遗产的重视。

正是在这种背景下，为了使众多的遗产免于毁灭，才有了 1972 年的《保护世界文化和自然遗产公约》。该公约把对人类整体有特殊意义的文物古迹、风景名胜及自然风光和文化及自然景观列入世界遗产名录。该公约规定的保护对象是自然遗产和文化遗产，还对自然遗产和文化遗产都作了相应的界定，主要保护的是物质遗产。世界遗产公约所涉及的最后一种遗产类型是文化与自然双重遗产。文化与自然双重遗产指"世界遗产中将在历史、艺术或科学及审美、人种学、人类学方面有着世界意义的纪念文物、建筑物、遗迹等内涵的文化遗产，和在审美、科学、保存形态上特别具有世界价值的地形或生物，包括景观在内的地域等内容的自然遗产融合起来，构成的第三个类别的遗产，就是同时含有文化与自然两方面因素的文化与自然双重遗产"[1]。这种遗产的意义并不是文化遗产简单地加上自然遗产，其深层意义即"在其深层寓意着的，是人类从改造自然、运用自然到 21 世纪末与自然和谐相处的观念的巨大变化"[2]。我国的泰山、黄山等名胜均属于文化与自然双重遗产。

与美国强调保护遗产形成对比的是，东方把众多的保护对象称之为"财"，这体现在诸如"有形财""无形财""文化财"等概念的使用上。从立法的角度看，东亚的日本、韩国也都早于美国进行了立法，日本以立法的形式对"有形文化财"（物质遗产）的保护始于 1871 年。日本对"无形文化财"（类似于非物质文化遗产）的保护始于 1950 年。而且，日、韩两国的实践也对联合国教科文组织的有关活动产生了明显的影响。1950 年，日本通过了《文化财保护法》，这是日本在保护文化遗产方面的一部重要法典。这部法律把保护对象分为有形文化财、无形文化财、民俗文化财、史迹名胜、天然纪念物、传统建筑物群、文化财保存技术、埋藏文化财 8 类，并扩展了保护文化遗产的范围，无形文化财也被归为保护之列。经过几年的试行后，在 1954 年，文化财保护委员会对这部法律进行了较大的修订。其中重要的一点就是，该法律明确规定可以指定无形财。因为无形财所具有的"无形性"特点，为使其存在具体化，决定将这项技术与其保有者共同列入文化财予以保护。还要对具有较高价值的无形财进行田野调查，全面地记录其历史、现状和传承方式等情况，并发展成为一种制度。自 1974 年起，众议院文教委员会下设的专业委员会着手进一步修改《文化财保护法》，最终形成了 1975 年的新版《文化财保护法》。在新版《文

---

①刘红婴，王健民. 世界遗产概论［M］. 北京：中国旅游出版社，2003：103.
②刘红婴，王健民. 世界遗产概论［M］. 北京：中国旅游出版社，2003：104.

化财保护法》中，将民俗资料分为有形文化财和无形文化财。1962 年，韩国颁布的《文化财保护法》受到了日本的影响，把文化财分为有形文化财、无形文化财、纪念物、民俗文化财。韩国的《文化财保护法》规定，无形文化财主要是指历史、艺术、学术等方面具有较高价值的演剧、音乐、舞蹈、工艺技术以及其他无形的文化载体，主要强调传统表演艺术、民间技艺方面。日本的《文化财保护法》把文化遗产分为有形文化遗产和无形文化遗产，是首创性的，拓展了保护文化遗产的范围，并对世界范围内的文化遗产保护产生了积极的影响。2003 年联合国教科文组织在巴黎通过的《保护非物质文化遗产公约》，就吸收了日本、韩国的经验，并借鉴了相关的提法，非物质文化遗产保护就是由无形文化遗产保护发展而来的。

（二）非物质文化遗产概念的提出和深化

随着保护自然遗产和文化遗产工作的深入，同时也是为了克服对非物质文化遗产保护的疏漏，保护非物质文化遗产的工作已是呼之欲出，也被提到了联合国的议事日程。1987 年，联合国教科文组织在原来世界自然遗产和文化遗产的基础上，确定把非物质文化遗产作为保护对象。之后，联合国教科文组织把这一决策进一步细化，并通过专门的立法明确地决定了对非物质文化遗产的保护，这就是 1989 年 11 月在联合国教科文组织的第 25 届巴黎大会上通过的关于保护民间传统文化的建议书《保护民间创作建议案》。不过，这个建议案并没有使用"非物质文化遗产"的概念，而是以"民间传统文化"来指代"非物质文化遗产"的称谓。其中对民间传统文化的定义是：民间创作（或传统的民间文化）是指来自某一文化社区的全部创作，这些创作以传统为依据、由某一群体或一些个体所表达并被认为是符合社区期望的作为其文化和社会特性的表达形式；其准则和价值通过模仿或其他方式口头相传。它的形式包括：语言、文学、音乐、舞蹈、游戏、神话、礼仪、习惯、手工艺、建筑术及其他艺术。事实上，从该建议案对"民间传统文化"内容的界定看，实际上就是非物质文化遗产。1997 年 11 月，联合国教科文组织第 29 次全体会议通过了《人类口头和非物质遗产代表作申报书编写指南》(*Proclamation of Masterpieces of the Oral and Intangible Heritage of Humanity*)，界定了"人类口头和非物质遗产"的含义，基本上沿用了对"民间传统文化"的定义。

2001 年是联合国在保护非物质文化遗产工作方面值得重视的一年。这一年，联合国教科文组织第 31 届大会在巴黎总部通过了《文化多样性宣言》，该宣言指出：文化多样性对人类来讲，就像生物多样性对维持生物平衡那样必不可少，从这个意义上说，文化多样性是人类的共同遗产，应当从当代人和子孙后代的利益予以承认和肯定。应该说，该宣言的意义是非常重大的：它反映了尊重多元文化格局、尊重各个文明成就已经成为联合国各成员国的共识，各个民族、各种文化、各种文明之间应该相互尊重，用对话代替敌视、冲突，在彼此之间的同情、理解中积极寻求认同和共识，共同维护多元共存、共生的格局，以维持和发展人类的自然环境和人文环境，提升人类的生活质量。其基本精神也为世界范围内的非物质文化遗产的保护奠定了良好的基础。此外，还在联合国教科文组织的主导下于2001年进行了第一次世界范围内的人类口头和非物质遗产代表作的申报工作，包括中国昆曲艺术在内的19项代表作获得了联合国教科文组织的认定。

2003年10月17日，联合国教科文组织第32届大会通过了《保护非物质文化遗产公约》（*Convention for the Safeguarding of the Intangible Cultural Heritage*），该公约使用了规范的非物质文化遗产的概念，详细界定了非物质文化遗产的概念、非物质文化遗产所包括的范围，并为联合国各成员国提供了可供操作的申报细则，标志着联合国教科文组织主导的、世界各国参与的非物质文化遗产保护工作已经达到了新的水平和阶段。特别应该提及的是，中国作为缔约国之一，不仅坚决地支持和执行该公约的相关规定，而且还积极地参与了该公约的起草和修订，为推进世界范围内的非物质文化遗产的保护工作发挥了重要的作用。

通过对联合国教科文组织主导的、各成员国参与的非物质文化遗产保护工作的回顾，我们可以发现，为了达到抢救、保存、保护和复兴非物质文化遗产的目的，联合国教科文组织在保护非物质文化遗产方面跨越了四个重要阶段，第一个阶段：关于保护传统和民间文化建议案；第二个阶段：建立"活的文化财产制度"；第三个阶段：建立"人类口头和非物质遗产代表作"公告制度；第四个阶段：通过了《保护非物质文化遗产公约》。同样，联合国教科文组织和世界各国对非物质文化遗产的认识是一个逐渐深入的过程，也是一个逐步完善的过程。随着认识的深化，也加强了立法建设，并团结各国，与各国一道群策群力、求同存异，共同制定出了反映大多数国家意愿的保护非物质文化遗产的原则、规定，为各国的申报工作奠定了良好的基础。同时在具体的非物质文化遗产代表作的申报工作中，也积极吸纳各方面的意见、建议和经验，制定出了可供操作的各种具体的实施细则，促进了申报工作的开展，也为以后这项工作的进一步开展做好了铺垫。而且，通过这项工作的展开，必将唤醒各国人民保护各种世界遗产的自觉意识；必将促进世界各国对各种世界遗产、各种文化传统的保护；必将促进世界各国之间的相互平等、相互尊重；必将促进各个民族、各种文明与文化之间的对话；也必将促进世界各国之间的政治、经济和文化方面的交流和合作，为构建多元化的世界政治、经济和文化格局提供可资借鉴的经验，提高人类的生存环境、丰富人类的精神生活，为推动人类的和平、稳定和可持续发展发挥独特的作用。

## 二、非物质文化遗产概念释义

### （一）对与非物质文化遗产相关的几个概念的理解

在理解"非物质文化遗产"概念之前，我们有必要先解释和辨析几个概念，以加深对"非物质文化遗产"概念的理解。

首先，什么是文化遗产。从词源的角度讲，遗产的英语对应词为"heritage"，它源于拉丁语，意思是"父亲留下来的财产"。有学者考证，对其含义的这种解释一直延续到20世纪下半叶，之后才出现了很大的变化。20世纪下半叶后，它的含义则发展为"祖先留下来的财产"，外延也由一般的物质财富发展成为看得见的"有形文化遗产"和看不见的"无形文化遗产"及充满生命力的"自然遗产"。法国历史学家皮埃尔·诺拉对此有很好的解释："在过去的大约20年间，'遗产'的概念已经扩大——抑或爆炸——到如此程度，致使概念都发生了变化。较老的词典把此词主要定义为父母传给子女的财产，而新近的词典还把该词定义为历史的证据……整体上被认为是当今社会的继承物。"[1] 实际上，在美国、法国、英国、日本、韩国等经历了类似的变化，并出现了"物质遗产""文化遗产""自然遗产""世界遗产""人类共同文化遗产"等概念。国内有的学者将文化遗产的特征概括为：历史性（它在帮助我们还原历史的过程中具有独特的认识价值）；艺术性；科学性；纪念性（文化遗产所具有的纪念性价值），这个概括基本上总结出了文化遗产的特征。

其次，"有形文化"与"无形文化"。这一组概念是由日本首先开始使用的。1950年，日本《文化财保护法》规定，要保护无形文化财和地下文物。1954年的修订稿又明确规定可以指定无形财。经过1974年的修改后，最终形成了1975年的新版《文化财保护法》。该法将民俗资料分为有形文化财和无形文化财，并予以保护。新版《文化财保护法》规定，有形文化财指的是具有较高历史价值与艺术价值的建筑物、绘画、雕刻、工艺品、书法作品、典籍、古代文书、考古资料及有较高价值的历史资料等有形文化载体；无形文化财指的是具有较高历史价值与艺术价值的传统戏剧、音乐、工艺技术及其他无形文化载体，而且，也把表演艺术家、工艺美术家等这些无形文化财的传承人一并指定。民俗文化财也分为有形文化财和无形文化财，前者指与衣食住、生产习俗、信仰等有关的民俗事项；后者指在无形文化财中所使用的服饰、生活器具、生产工具、家具和民居等。如果把日本的用法和联合国教科文组织的用法对比后，我们可以发现，从其内容上看，"有形文化遗产"就是"物质文化遗产"，更为注重保护静态的、成形的文化产品；"无形文化遗

---

①苑利. 文化遗产与文化遗产学解读 [J]. 江西社会科学，2005（3）：127—135.

产"就是"非物质文化遗产",更为注重保护动态的、使文化产品成形的因素。从联合国的称谓上看,联合国教科文组织审定的无形文化遗产和非物质文化遗产所对应的英文都是"Intangible Cultural Heritage";而"世界遗产"(World Heritage)指的则是有形文化遗产,"世界无形文化遗产"指的是"非物质遗产",其英文对应词为 Intangible Heritage。

再次,什么是文化空间。文化空间是国际非物质文化遗产保护工作中频繁出现的词语,对文化空间的保护也是非物质文化遗产保护的应有之义,联合国教科文组织仅在第一批公布的 19 个人类口头和非物质遗产代表作中就有俄罗斯的塞梅斯基口头文化及文化空间、乌兹别克斯坦的博逊地区文化空间等。此外,也有不少中国学者都运用过这个概念,并结合中国的具体情况进行过详细阐发。

关于"文化空间"的含义,联合国教科文组织北京办事处文化项目官员埃德蒙·木卡拉有详细的解释。他指出,文化空间是一个文化人类学概念,是指"传统的或民间的文化表达形式规律性地进行的地方或一系列地方"。它不同于某一具体的地点:"从文化遗产的角度看,地点是指可以找到人类智慧创造出来的物质存留,像有纪念物或遗址之类的地方。"具体来说,文化空间就是指"某个民间或传统文化活动集中的地区,或某种特定的、定期的文化事件所选定的时间"。① "文化空间"这个概念也被权威的《中国民族民间文化保护工程普查手册》所运用和界定:"定期举行传统文化活动或集中展现传统文化表现形式的场所,兼具空间性和时间性。"② 从这些解释来讲,"文化空间"主要指有价值的文化活动的空间或时间,应该符合的标准是:这些空间或时间不是普通意义上的空间或时间,而是有价值的传统文化活动、民间文化活动所得以举行的空间或时间,有实践性;这些传统文化活动、民间文化活动的举行是有规律的,即举行这些活动的地点和时间在传统的约定俗成过程中,都有重复性。通俗地说,就是经过大家认可的、约定俗成的、定期定时举行文化活动的场所或时间。这里讲的属于"文化空间"的场所,兼具空间性和时间性,如果没有了"场所"承载的活态传统文化活动,它就只能称为场所,而不能叫文化空间。所以联合国教科文组织的文件指出,文化空间既可定义为一个集中举行文化活动的场所,也可以定义为一段定期举行文化活动的时间,这一特定的时间和空间因其中的文化表现形式的存在而存在,典型的如许多少数民族的节日和仪式等。虽然"文化空间"这个概念是从国外传来的"舶来品",但我国实际上存在着众多这样的文化遗产,而且其在文化、历史、艺术等方面都有着重大价值。但是,由于长期没有得到重视,所以亟待调查、研究、抢救

---

① 埃德蒙·木卡拉. 口头和非物质遗产代表作概要 [C]. 人类口头和非物质遗产抢救与保护国际学术研讨会,北京:中国艺术研究院. 2002:65.

② 中国艺术研究院中国民族民间文化保护工程国家中心. 中国民族民间文化保护工程普查工作手册 [M]. 北京:文化艺术出版社,2005:1.

和保护。在有关文化空间的认识问题上，国内有学者认为，反映上古先民原始崇拜的稀有的活动、仪式，是我国少数民族"文化空间"中最有原始文化意蕴和学术价值的，亟待加以保护。譬如，那些反映了虎图腾崇拜、祖灵崇拜和山神崇拜的活动、仪式。这些活动大都经过了社会化和人格化，通过装扮动物图腾神、祖先神和自然神灵等方式，以驱逐瘟疫、鬼怪、邪恶，表达了先民祈求社会安宁、人寿年丰、人丁兴旺和大自然降福给人类等愿望，其表达方式主要有吟诵、说白、打击乐和舞蹈等，这些活动以其宗教神秘感和原始文化的质朴、粗犷给现代人以多方面的精神享受。而且，作为名副其实的原始文化的"活化石"，它还具有供人类学、民间文艺学、民俗学、社会学等学科研究的价值。[①] 我国的非物质文化遗产中有大量的"文化空间"的项目，而且这些项目历史悠久，有濒临失传的危险，有的文化空间甚至已经消失。例如，北京老天桥市场是一个独特的文化空间，集中了传统说唱、舞蹈、占卜、杂耍、行医等活动，但遗憾的是，目前已经消失了。鉴于我们对"文化空间"的认识和研究上的滞后，我们要积极开展对"文化空间"的宣传、研究和保护。

最后，关于非物质文化遗产中物质与非物质的关系。我们认为，这里的"物质"与"非物质"主要是指载体上的不同形态：是否有固定的、静态化的形态；是否需要依赖活态的传承人予以传承等。"非物质文化遗产"概念中的"非物质"并不是说与物质绝缘，没有物质因素，而是指重点保护的是物质因素所承载的非物质的、精神的因素。实际上，多数非物质文化遗产以物质为依托，通过物质的媒介或载体反映出了其精神、价值、意义。因此，物质文化遗产与非物质文化遗产的主要区别是：物质文化遗产强调了遗产的物质存在形态、静态性、不可再生和不可传承性，保护也主要着眼于对其损坏的修复和现状的维护；非物质文化遗产是活态的遗产，注重的是可传承性（特别是技能、技术和知识的传承），突出了人的因素、人的创造性和人的主体地位。非物质文化遗产蕴藏着传统文化的基因和最深的根源，一个民族或群体思维和行为方式的特性隐于其中。非物质文化遗产是物质的、有形的因素与非物质的、无形的精神因素的复杂的结合体，虽然它们是水乳交融、彼此难以分割的关系，虽然具体的、实在的"实物""制成品"对于非物质文化遗产的认识、传承和保护不可或缺，但更为重要的还是后者，应该以关注后者为主。例如，在剪纸艺术中，我们重点关注的不是能够亲眼见到的剪刀、纸张和劳动的成果，而是以活态形式存在的剪纸过程中的各种技艺，以及这种技艺表达的神奇的艺术创造和时代的审美趋向。此外，应该明白，物质文化遗产与非物质文化遗产的区别只是相对的：非物质文化遗

---

① 曲六乙. 抢救与保护中国少数民族"文化空间"的特殊意义［D］. 人类口头和非物质遗产抢救与保护国际学术研讨会，北京：中国艺术研究院. 2002（12）：84.

产中有物质的因素，物质文化遗产中也有非物质的、精神价值的因素，只是物质文化遗产与非物质文化遗产各自强调的重点不同而已——物质文化遗产更加强调实物保护的层面，而非物质文化遗产更为强调知识技能及精神的意义和价值。

### （二）国内外学术界对非物质文化遗产概念的解释

理解以上几个概念，有助于我们理解"非物质文化遗产"概念。在辨析了这几个概念之后，我们就转向对"非物质文化遗产"概念的解释。

从目前国内外对"非物质文化遗产"概念的理解来看，界定这个概念的主体主要是国际上的相关机构、中国政府机构、学术团体或学者个人；这些解释分别出自于国际公约、官方文件、团体的宣言、学术专著和学术论文。实际上，从联合国教科文组织公开发布的文件中可以看到，仅仅对概念的称谓就更改过多次，使用过诸如"无形文化遗产""民间传统文化""口头和非物质遗产""非物质文化遗产"等概念，当然对概念本身的解释就更多了，几乎随着称谓的改变，其定义或解释就要作相应的调整。这个现象一方面说明了这个问题本身的复杂性和把握的难度；另一方面也说明了非物质文化遗产问题的实践性很强，随着各国保护工作的深入展开，新的问题和认识就会出现，这又会修正原来的看法，并在相应的文件中表现出来。

从国内学术界对非物质文化遗产概念的理解来看，主要有两种意见：大多数和主流的意见是，基本上认可联合国教科文组织制定的《保护非物质文化遗产公约》中对非物质文化遗产的界定，但要根据中国的实际情况作出补充和修改，就可以为我所用，可以主要依据联合国教科文组织对非物质文化遗产的界定来进行我们的理论研究和实践工作；另一种意见是，联合国教科文组织通过的定义主要吸收了国外（特别是发达国家）的意见，依据的是国外的文化传统、文化遗产和文化遗产的保护实践，而这些意见和依据都与我国实际的国情有较大的距离，因此，要立足于我国文化遗产保护的实际情况，并吸收联合国教科文组织界定这个概念的经验，以利于我国的理论研究和保护实践工作，而不能照搬联合国教科文组织的定义。对第一种意见进一步地细分就可以发现，对联合国教科文组织的界定认可的程度还是有差别的：有的学者认为，应该主要采用联合国教科文组织的界定，再针对中国的实际情况稍作补充即可；而有的学者则认为，可以以联合国教科文组织的界定为框架，再根据中国的实际国情进行补充、调整和转化，甚至修改，以利于中国的理论研究和保护工作。

学术界的这些探讨从不同的方面丰富、深化了对非物质文化遗产的认识，这些不同的意见与建议也有助于认识中国的非物质文化遗产的复杂性和特殊性。随着保护工作实践的不断深化，非物质文化遗产保护的理论概括也应不断深化。

### （三）《非物质文化遗产概论》对非物质文化遗产概念的解释

从事非物质文化遗产工作，不但需要对理论有深刻的把握，而且要有具体的实践经验。实际上，国内和国际制定的公约、政策、法规已经吸收了学术界的主要认识，并转化为实践操作，也被实践证明是基本可行的，当然这些都建立在总结概括实践经验的基础上。为此，在理解这个概念时，我们不但应该重视学术界的意见，也应该重视具体的实践，重视具体的公约、政策和法规的相关表述。应该看到，理论与实践、学术探讨与政策之间对这个概念的理解既有一致的地方，也有分歧之处，要正确地处理好它们之间的关系。总之，"非物质文化遗产概念被作为在共同工作准则中应用，也只有不长的时间，还需要人们在实践中逐步形成对其概念约定俗成的共识。……在普查和保护中，不必拘泥于某些定义的限制，而要注重实际，在实践中总结和丰富我们的经验"。① 出于这些考虑，在理解这个概念时，我们结合了中国非物质文化遗产的实际状况，并主要依据国内外有关非物质文化遗产的重要文件来理解这个概念。

联合国教科文组织《保护非物质文化遗产公约》明确地界定了非物质文化遗产的定义："'非物质文化遗产'指被各社区、群体，有时为个人，视为其文化遗产组成部分的各种社会实践、观念表述、表现形式、知识、技能及相关的工具、实物、手工艺品和文化场所。这种非物质文化遗产世代相传，在各社区和群体适应周围环境以及与自然和历史的互动中，被不断地再创造，为这些社区和群体提供持续的认同感，从而增强对文化多样性和人类创造力的尊重。在本公约中，只考虑符合现有的国际人权文件，各社区、群体和个人之间相互尊重的需要和顺应可持续发展的非物质文化遗产。"非物质文化遗产所涵盖的内容包括："一、口头传统和表现形式，包括作为非物质文化遗产媒介的语言；二、表演艺术；三、社会实践、礼仪、节庆活动；四、有关自然界和宇宙的知识和实践；五、传统手工艺。"该公约还进一步阐明了"保护"的具体内容："指确保非物质文化遗产生命力的各种措施，包括这种遗产各个方面的确认、立档、研究、保存、保护、宣传、弘扬、传承（特别是通过正规和非正规教育）和振兴。"

由国务院办公厅颁布的、代表了中国政府意见的《关于加强我国非物质文化遗产保护工作的意见》的附件《国家级非物质文化遗产代表作申报评定暂行办法》，对非物质文化遗产作了这样的界定：非物质文化遗产是"指各族人民世代相承的、与群众生活密切相关的各种传统文化表现形式（如民俗活动、表演艺术、传统知识和技能，以及与之相关的器具、实物、手工制品等）和文化空间"。这里的"文化空间"即定期举行传统文化活动或

---

①王文章. 非物质文化遗产保护步入规范里程［N］. 人民日报. 2005-06-10.

集中展现传统文化表现形式的场所（兼具空间性和时间性）。非物质文化遗产的范围包括：（1）口头传统，包括作为文化载体的语言；（2）传统表演艺术；（3）风俗活动、礼仪、节庆；（4）有关自然界和宇宙的民间传统知识和实践；（5）传统手工艺技能；（6）与上述表现形式相关的文化空间。

全国人大常委会通过的《中华人民共和国非物质文化遗产法》是国家保护非物质文化遗产的基本法律，它对非物质文化遗产及其范围的界定是："本法所称非物质文化遗产，是指各族人民世代相传并视为其文化遗产组成部分的各种传统文化表现形式，以及与传统文化表现形式相关的实物和场所。包括：（一）传统口头文学以及作为其载体的语言；（二）传统美术、书法、音乐、舞蹈、戏剧、曲艺和杂技；（三）传统技艺、医药和历法；（四）传统礼仪、节庆等民俗；（五）传统体育和游艺；（六）其他非物质文化遗产。"

通过对比这些文件和其他学者的意见，我们可以发现，实际上，这些论述的相同点是很多的，中国的国家文件在界定这个概念和制定保护范围时，是以联合国教科文组织的《保护非物质文化遗产公约》为基础，并把其精神贯彻到中国的保护实践活动中，这说明其权威性和适应性也得到中国的认同。而且，学术界的多数论述也都是在《保护非物质文化遗产公约》的基础上展开的，也非常尊重《公约》的论述。实际上，这也与我们的认识是一致的。本书赞同联合国教科文组织《保护非物质文化遗产公约》和我国国务院办公厅《关于加强我国非物质文化遗产保护工作的意见》的附件《国家级非物质文化遗产代表作申报评定暂行办法》有关非物质文化遗产定义的表述，只是在界定其范围时，注意其从实际出发，充分体现出我国非物质文化遗产的特色和现状，以符合我国非物质文化遗产的现实存在状况和具体保护工作实践。我们认为，非物质文化遗产的范围应该包括：（1）各种口头表述，包括对群体有意义的诗歌、史诗、神话、民间传说及其他形式的口头表述，也包括作为其载体的语言；（2）传统表演艺术，包括传统戏剧、傩戏、木偶戏、哑剧、音乐、舞蹈、曲艺、杂技、木偶、皮影等表现形式；（3）社会风俗、礼仪、节庆庆典，包括重要的节庆、游戏、游艺活动、运动和重要集会等活动，有原始感的打猎、捕鱼和收获等习俗，日常生活中的有意义的居住、饮食、习俗，人生历程（从出生到殡葬）的各种仪式、亲族关系及其仪式、确定身份的仪式、季节的仪式、宗教和民间信仰仪式；（4）有关自然界和宇宙的知识与实践，包括时空观念、宇宙观，对宇宙与宗教的信仰，巫术，图腾崇拜，计数和算数的方法，历法纪年知识，关于天文与气象的知识，关于海洋、火山和气候的知识与对策，农耕活动和知识，植物的知识等；（5）传统的手工艺技能和文化创造形式，包括传统民间建筑理论和实践、传统的冶炼等传统工艺技术知识和实践，医药知识和治疗方法，书法与传统绘画，保健与体育知识，畜牧产品、水产品、果实的处理，食品的制作和保存，烹饪技艺，传统工艺美术生产、雕刻技术，包含设计、染色、纺织等环节在内的纺织技艺，丝织技术，包含发式、彩绘在内的人体传统绘饰技艺和服饰装扮等；（6）与上述表现形式相关的文化空间。比如侗族唱大歌就在鼓楼，鼓楼就是文化空间，侗族大歌的演唱是与民族特有的仪式、习俗密切相连的。再如乌兹别克斯坦的博逊地区（The Boysun District）的文化空间就很有代表性，那里的传统文化、宗教和生活习俗都保持得很好，人们定期、定时地在那里求雨，举行宗教活动与各种仪式，并伴以特有的歌曲、音乐和舞蹈，它被列为第一批世界人类口头和非物质文化遗产代表作。上述这些非物质文化遗产存在于民间，但也不排除一些文化空间是存在于宫廷、上层社会和精英文人中间。

上述对非物质文化遗产的理解，主要依据联合国教科文组织的阐释，并结合我国非物质文化遗产的呈现形态、保护实践和法规而加以概括，相信随着保护工作的深入，其范围将会得到不断丰富和深化，也更具对保护实践的指导意义。

## 三、关于非物质文化遗产的性质

### （一）对于几种非物质文化遗产性质的分析

实际上，在非物质文化遗产中，有很多属于神话、巫术、图腾崇拜的项目，这样，就出现了对这些项目性质的判断问题，也就是说，它们究竟是不是落后的封建迷信？它们有没有存在甚至保存的必要？对这些问题需要具体分析。

第一种情况是对没有争议的非物质文化遗产的定性。由于这些文化遗产反映了积极向上又富有创造力的民族精神、科学的探索精神和人民群众的智慧，能够增强民族的自信心与进取心、提高民族的自豪感与凝聚力、促进民族的团结与发展、弘扬民族的优秀文化传统，也能够作为民族的"文化名片"吸引世界的关注并走向世界，还有助于树立民族的形象、中国的形象，甚至作为文化软实力，提高中国的国际地位，其性质当然是积极的、有价值的，是应该充分肯定和保护的。

第二种情况涉及对图腾崇拜和巫术等非物质文化遗产的定性。事实上，在各民族的发展过程中，基本上都有反映该民族信仰的神话及关于宇宙的创造、产生、演变的传说；关于先民的传说；关于该民族的偶像崇拜和图腾崇拜；在特定时刻用于特定目的的巫术。这些在各民族的日常生活中都扮演了重要的角色，在塑造人们的信仰、世界观、价值观方面也都有着极为重要的作用。但是，一些人由于受以往错误观念的影响，尤其是完全从进化论的观点出发，把我们现今的文明视为最发达、最先进和最合理的文明，而把神话、传说、巫术、图腾崇拜和偶像崇拜等这些古老的文化形态都看作是非科学、反科学、伪科学和封建迷信。作为人类学、社会学和民俗学的研究对象，这些学科应该研究其各种表现过程。但由于"文化大革命"的影响并没有完全消失，"破旧立新"的观念仍在作祟，仍有不少人不能客观地正视这些现象，更有为数不少的人不加分析地将其一概视为封建迷信、歪门邪道，欲扫除净尽。应该看到，其中有很大部分内容根本不能划入封建迷信范畴，还有一些是精华与糟粕并存、科学与迷信并存。以巫术为例，中国历史记载的最早的巫术活动当属商代，那时巫术在政治、社会、经济生活中都扮演着极为重要的角色，如依靠巫师求雨、预测或对付自然灾害、决定是否出兵，等等，有些巫术活动在特定的历史条件下发挥了积极的作用，是应该肯定的，但也应该承认，这也是当时认识水平低下、科技不发达条件下的无奈之举，其迷信、盲目性和一定程度的欺骗性也不容回避。因此，在判断这部分文化遗产的性质时，应该指出其积极性与消极性并存的特点，并进行科学而适当的区分、鉴别、定性和评价。今天，有不少这样的文化遗产都是非物质文化遗产保护工作应该考虑的。同时，对于那些以目前的认识水平难以评价的文化遗产，也应该先保护起来，留待以后进行正确的评价。因此，仍要做些文化科学观念的普及和教育工作，使大家澄清错误的观念，以客观、准确地理解和研究这些民俗、神话、巫术等，特别是对于那些有重大价值的、反映了特定民族的世界观并同时又面临灭绝的非物质文化遗产项目，应该予以充分保护，不能坐失良机，失去保护的机会。

这种情况也同样适合于对一部分传统的民间文化遗产的保护。我们知道，非物质文化遗产中有相当大的一部分属于传统的民间文化，但仍然有观念认为：传统的民间文化是小农经济和落后的封建制度的产物，也是社会发展缓慢的原因，其中渗透了小农思想，会阻碍我们今天改革开放和现代化的进程。实际上，民间文化的创造主体和传承主体都是老百姓，它们源于生动活泼的民族、民间生活，民间文化构成人们生活的有机组成部分。因此，我们不能以愚昧、落后、封建迷信等来简单化地判定其性质。

国内有学者指出，目前在认识非物质文化遗产中的民间文化性质时存在一种局限，值得我们重视："（一）保护非物质文化遗产的文化行动及其理论准备严重不足。表现在：我们的文化学研究起步较迟，不少人深受政治意识形态的影响，对人类历史上创造的任何文化现象，不是科学地探究其合理性和规律性，而只是习惯于简单地以进步或落后、有益或有害、好或坏等政治概念和二元对立的方法论给予判决，因而把民间文化特别是其中属于民间信仰（如神鬼信仰、巫术迷信等蒙昧意识）范围的种种文化的消极影响看得很重，看作是人类理性思维和当前意识形态的对立物。（二）非物质文化遗产即民族民间文化是民族文化之根，它自身包含着存在和发展的合理性。宇宙、自然、人事，都是无限的，是人的知识理性和科学无法穷其究竟的。巫术、宗教与科学，都是人类文化的共同的构成因素，都是与人类共始终的。与把宗教看作是人类精神的鸦片一样，把巫术看作是精神领域里的封建毒素，同样是机械唯物论，而非历史唯物论。（三）要保持中华文化的独特性，弘扬中华文化的优良传统，重要的是弘扬中华文化精神。在民间文化中蕴含着或洋溢着强烈的'生生不息'和'自强不息'的意识，而这才是中华民族的文化精神。表现于个体、家庭、家族、族群上，就是对生命意识的崇尚；表现于国家、民族，甚至个人的安身立命、建功立业上，就是对自强不息的崇尚。"①

第三种情况涉及对一些预言、民间信仰的定性。一些预言现在并不能被证伪，也不能被科学证明，但在民间信仰中又有很大的市场。对于这些预言中的有重要精神价值、又濒临灭绝的部分，也是应该抢救和保护的，但应该充分地正视其迷信和落后的因素；民间信仰作为底层普通百姓的信仰，虽然有一定的虚幻性、盲目性，但在民间有很大的群众基础，当前它仍然能够发挥独特的功能："连接民众的纽带""表示文化的认同""表示共同的心理"等，具有不可替代的道德教化和情感慰藉作用。同时，应该警惕的是，我们对民间信仰的认识仍然存在着不少误区，诸如"（一）认为民间信仰是一种迷信；（二）认为民间信仰对社会具有很大的危害性；（三）认为民间信仰不属于非物质文化遗产申报的范围；（四）认为民间信仰是宗教"。② 因此，我们应该实事求是地肯定其积极的意义和价值，科学理性地对待其负面性，并切实地做好保护工作。由于我们以前确实有过不适当的认识和行为，因此现在对这部分文化遗产的定性、评价和保护就更要慎重。

## （二）在具体的保护实践中加深对非物质文化遗产性质的认识

鉴于此，应该立足中国特殊的文化国情来制定政策，保护那些对我们有重要意义的非物质文化遗产。从世界各民族的文化发展史来看，都存在着图腾崇拜、巫术、神秘游戏和宗教仪式，这是在科技发展低下的特定生产力状况下出现的文化现象。尽管其存在的形态各异，但都表现了先民希望借助超自然的、神秘的、崇拜物的力量来达到通过常规手段难以实现的目的、愿望。随着社会的发展，自然环境和社会环境的改变，可能使这些文化现象面临消失的危险。由于特定的原因，有的被很偶然地保存了下来，这些文化遗产对于我们来说是非常重要的，特别是其中蕴含的历史认识价值尤其珍贵，是应该予以保护的。一般说来，对于非物质文化遗产的保护，联合国教科文组织的相关规定通常只涉及各个成员国达成一致的共识，对于特殊的、无法取得统一的意见和建议只能是存而不论。而且，出于各国意识形态、人权观的差异，也难以统一不同意见。因此，也就无法从联合国教科文组织的规定中获得保护这些特殊种类的非物质文化遗产的认识。正如有的学者所说："各

---

① 刘锡诚. 非物质遗产的文化性质问题 [J]. 西北民族研究, 2005 (1): 130.
② 徐华龙. 当代民间信仰与非物质文化遗产 [C]. 浙江师范大学, 浙江省非物质文化遗产研究基地. 非物质文化遗产研究集刊（第二辑）. 北京: 学苑出版社, 2009: 121—129.

国专家们在起草并一致通过这个文件时，从世界范围来说，要保护的非物质文化遗产是：口头文学（口述传说、神话——有关自然界和宇宙的知识等）及语言、民间艺术（表演艺术和工艺技能）、社会风俗、礼仪、节庆等，而对那些鬼神信仰、巫术等蒙昧精神文化部分，是并没有明确列入保护名单之中的。没有明文列入公约的保护对象，并不说明鬼神信仰（包括祖先崇拜等）、巫术迷信等神秘文化不属于非物质遗产或民间文化。"① 就我国具体的文化遗产情况来说，虽然不能以这些特殊的种类去申报世界非物质文化遗产代表作，但仍然可以鼓励各级政府来保护这类文化遗产，应该允许这类文化遗产，按其价值与影响，申报国家、省、市、县各级的非物质文化遗产代表作。如有鲜明中国民族特色的傩戏就具有很高的文化价值。

实践不但是理论之源，它还能够深化认识、促进理论的发展。同样，中国的非物质文化遗产保护的实践也有助于我们重新审视、认识非物质文化遗产的性质。以前，我们对非物质文化遗产的系统性认识不是太深入，随着国家层面的"文化生态保护实验区"的实施，实践工作无疑加深了我们对其系统性的认识。事实上，系统性也是实施生态保护的主要理论依据。这样，理论与实践就形成了良好的互动，能够相得益彰。我们知道，文化生态系统包括文化的自然生态环境、人文生态环境、经济生态环境，它与一定地域的生产方式、社会生活、价值观密切相关，作为一个完整的体系，它具有独立性、整体性、开放性等特点。文化生态环境是文化遗产得以存在、传承和发展的土壤，也是非物质文化遗产保护的应有之义，只有保护了它，才能从根本上保护各个具体的非物质文化遗产项目。非物质文化遗产生态保护区的内涵和目的为："所谓非物质文化遗产生态保护区，是将文化区的文化特质集中分布理念与生态保护区的系统性和整体性理念相结合，运用到非物质文化遗产保护中，根据非物质文化遗产的性质、分布和与其相关的自然、生态、人文、经济等因素，划定一定的保护区域，将非物质文化遗产保护、延续和传承与区域内的生态环境、人文环境相结合，构建以非物质文化遗产项目为保护核心，将遗产项目载体的群体与项目依存的生态环境、人文环境组成立体的文化生态系统。在这一系统内，各个因素相互作用，互为生态，互相依存，和谐共处，实现非物质文化遗产与生态、社会和经济的协调发展。它具有文化区和生态的层次性、系统性与整体性；与自然生态保护区维护物种多样性一样，建立非物质文化遗产生态区的目的是维护人类和区域文化存在的多样性。"② 正是因为这样的理念，2007 年 6 月 9 日，文化部公布了建立以泉州、漳州、厦门为特定区域的

①刘锡诚. 非物质遗产的文化性质问题［J］. 西北民族研究，2005（1）：132.
②陈华文. 关于建立非物质文化生态保护的对策报告［M］. 浙江师范大学，浙江省非物质文化遗产研究基地编. 非物质文化遗产研究集刊（第三辑）. 北京：学苑出版社，2010：62.

闽南文化生态保护实验区的决定，之后，又建立了安徽省和江西省的徽州文化生态保护区，青海省的热贡文化生态保护实验区，四川省和陕西省的羌族文化生态保护实验区，广东省的客家文化（梅州）生态保护实验区，湖南省的武陵山区（湘西）土家族、苗族文化生态保护实验区，浙江省的海洋渔文化（象山）生态保护实验区，山西省的晋中文化生态保护实验区，山东省的潍水文化生态保护实验区，云南省的迪庆文化生态保护实验区，云南省的大理文化生态实验保护区，陕西省的陕北文化生态实验保护区。其中，徽州文化生态保护区已取得了可观的成绩，徽州历史悠久、底蕴深厚、文化遗产丰富、种类繁多，配以婺源得天独厚的自然环境（"中国最美乡村"），徽州文化生态保护区把非物质文化遗产、自然环境、人文环境的保护结合起来，辅之以社会的、经济的推动，既保护了徽剧、傩舞、雕刻、彩灯、茶艺等众多的非物质文化遗产项目，又保护了有历史价值的古建筑、古镇、古村落、古街区、传统民居、风俗习惯、生活生产方式、传统手工艺，有利于永久地保护其民族特色、地域特色和历史特色，也有利于自然环境、经济环境、文化环境、社会环境的和谐相处。除了国家设立的非物质文化遗产生态保护区外，各个地方也从实际出发，开始设立保护实验区，如广西利用其丰富的民族文化资源，设立了京族文化生态保护区、刘三姐歌谣文化生态保护区、贺州瑶族服饰文化生态保护区、三江侗族文化生态保护区。我们相信，非物质文化生态保护实验区的实践必将进一步深化我们对非物质文化遗产系统性、整体性和其他性质的认识。

# 第二节  非物质文化遗产的基本特征

非物质文化遗产作为概念、对象被单独提出，不是指在现实中出现了一种新的文化，而是赋予原有的文化形态一种新的认识、新的分类。这种认识和分类，把非物质文化遗产从原有的文化范畴和遗产范畴中分离出来，并使其具有了独立门户的意义和价值以及与其他文化不同的表现特征。

非物质文化遗产是人类的特殊遗产，它的特殊性既表现在其内在规定性上，又表现在其外部形态上；既有个性，又有共性。就具体的非物质文化遗产而言，其内在规定性与外部形态都是特殊的，其个性表明了非物质文化遗产内部的差异性；就整个非物质文化遗产来看，其内部规定性与外部形态具有一定共性，其共性决定了非物质文化遗产内部的统一性，也决定了它与其他文化遗产相比的差异性，即传承性、实践性、无形性、多元性和活态性等特征。

## 一、传承性

遗产是人类前代遗留下来且被后代认为具有价值而享用或延续的财富。处于代际传承中的财富是遗产的本质，代际传承不仅标示了遗产特有的时间持续状态，而且也表明遗产所具有的特殊属性，那就是可传承性。非物质文化遗产的传承性，就是指其具有被人类集体、群体或个体一代接一代享用、继承或发展的性质。非物质文化遗产的传承性由其遗产的本质所决定。

作为遗产的一种属性，传承性不仅属于非物质文化遗产，也属于物质文化遗产。也就是说，非物质文化遗产与物质文化遗产在可传承性上是有共性的。虽然这不是本节所要探讨的核心问题，但要认识非物质文化遗产在传承方面的特殊性，就不能不先认识其与物质文化遗产传承性方面的共性。

非物质文化遗产与物质文化遗产在传承上具有一定的共性，表现为：

第一，非物质文化遗产与物质文化遗产都具有可传承性，即作为人类集体、群体或个体创造的财富能被后代人认同且愿意传承。当然，并不是所有人类创造的财富都能被后代认可且传承，也就是说，并不是所有的财富都能成为遗产。在作为遗产的物质财富与非物质财富当中，当因价值认同而被后代集体、群体或个体享用、保护和继承的时候，这个文化财富就被赋予可传承性。如作为世界遗产代表的法国铁塔，我国的殷墟遗址、秦始皇兵马俑、长城、故宫等，它们之所以成为遗产、具有传承性，不仅仅因为它们是前代遗留的创造物，而且是因为这些创造物具有被后代所认可的价值和意义，且愿意并实际传承了它们。它们身上所积淀的历史记忆和人类的创造力、想象力和审美力，对后代仍具有魅力，成为后代学习历史，发展自己创造力、想象力和审美力的基础。同样，非物质文化遗产如我国的昆曲、古琴艺术、新疆木卡姆、蒙古长调等，之所以能够流传至今，正是后代在其中获得了价值满足，从而赋予了它们以传承性。所以，物质文化遗产与非物质文化遗产都具有可传承性，这是由前代人在创造它们的时候赋予的价值延续性决定的，这种价值延续性使它们具有了可传承的性质。

第二，非物质文化遗产与物质文化遗产在传承过程中都是以物质为载体的。尽管二者是本质不同的文化遗产，在存在形态上有很大区别，如物质文化遗产以具体有形的"物质"形态存在，表现为像器皿、工具、建筑等具体的物质；非物质文化遗产以抽象无形的"非物质"形态存在，如仪式、工艺和艺术等。但非物质文化遗产与物质文化遗产在具体传承过程中，传承的载体都是物质的。物质文化遗产本身是"物"，这个"物"既是本体又是载体，本体与载体合二为一；这个"物"是人化物，即马克思所讲的被人改造或精神关照的自然物。非物质文化遗产虽然表现为一种艺术、工艺或精神，但其在传承过程中往往以"人"这个特殊的物为载体，人是这种文化的创造者、传承者和享用者，同时又是这种文化的天然载体。没有人这个载体，非物质文化遗产是无法存在的，自然也是无法传承的。

第三，非物质文化遗产与物质文化遗产在传承过程中都要保持一定的稳定性。就是说某种非物质文化遗产或物质文化遗产经过代际传承后，它的本质不能发生变化。当一个事物的量的变化突破了度的范围，该事物就会发生质变，也就是变成另一个事物。文化遗产传承是同质传承，不是新事物代替旧事物，这是遗产传承的基本要求。这种稳定性，对于物质文化遗产而言，就是保持遗产本身的完整性、原真性。比如说祖先留下景德镇瓷器文物，传承的稳定性就体现为原样地继承和保存这个瓷器，在继承和保存过程中不能改变这个瓷器的原有面貌；对于非物质文化遗产而言，就是保持遗产的本质不变，如昆曲本质是一种用昆山腔表现的戏曲艺术，后代人在传承过程中可以丰富这种表演和声腔，但是不能改变这种本质，这就是稳定性。质的稳定是事物保持其自身的根本要求，也是遗产传承性的内在要求。

当然，要探讨非物质文化遗产的传承性，关键还是要探讨其与物质文化遗产相区别的特殊性：

首先，非物质文化遗产在传承方式上具有无形性。前面所言，非物质文化遗产与物质文化遗产传承的载体都是有形的"物质"，非物质文化遗产的载体是人，物质文化遗产的载体是"物"。但由于二者本质及载体"物质"的特性不同，二者在传承方式上有很大区别。物质文化遗产的传承载体是"物"，即人化物，包括人的创造物，如工具、建筑、物品等，也包括被人的精神观照的自然物，如自然遗产等。它们之所以对人类产生意义，就在于其中凝聚了人的创造力、想象力和审美力，是和人类息息相关的具体物质。这些物质既是物质文化遗产的本体，又是载体，它们的传承实质是人类的代际之间进行的"物"的传递，因而物质文化遗产的传承总是和"物"密不可分，是"物"的平移运动，是有形的、具体的。非物质文化遗产的传承载体是具有能动性的"人"，这个"人"既是非物质文化遗产的传承者、享用者，又是非物质文化遗产的创造者。非物质文化遗产的本质是其创造者和传承者共同参与的一种精神实践，因此非物质文化遗产传承往往是对这种实践中"精神文化"的传递，传承载体与传承对象是分离的，传承过程是通过代际之间人与人的精神交流，即口传身授、观念或心理积淀等形式进行的。所以非物质文化遗产的传承方式是抽象的、无形的。

其次，非物质文化遗产传承方法具有多元性。物质文化遗产是一种静态遗留物，是人类过去特定历史文化的记忆凝聚物。如我国战国时期的青铜器，既是一种实用、美观的有形物，又积淀了战国时期人的实用观、审美观和器物铸造艺术等无形文化的记忆。有形物与无形记忆的合一，使其成为后代人眼中的物质文化遗产。传承这类物质遗产，既要传承有形物，又要传承无形记忆，而对无形记忆的传承必须以传承有形物为前提，也就是说，必须保证载体本身的存在和完整，才能最大限度地传承它所体现的文化记忆。一句话，物质文化遗产的传承是由物见文。这样的传承目的和传承特点，要求物质文化遗产在传承方法上，通过人控环境来保存、保管和展览遗产，使得物质文化遗产能够原真地传承，这种方法就是目前最通用的"博物馆法"。非物质文化遗产是一种活态遗留，其本质是贯穿于代际的一种精神。这种精神首先体现于祖先的创造活动中，后代在重复祖先这种活动中传承和发展其中的精神文化。非物质文化遗产中所体现的精神记忆，是人类不断更新和叠加起来的历史的文化记忆。如我国的昆曲艺术，其唱做念打的表演艺术，既是历史的又是当下的，既有几百年前的旧因子，又有新的元素。再如我国的传统节日，如春节、端午节等，既有传统的元素，又有不断增加的新元素。所以，非物质文化遗产的传承，在方法上就不能只用传统的"博物馆法"。博物馆可以保护非物质文化遗产中的物质的器具，以及物化的非物质文化记录材料等。对于那些仍然活着的、具有生命的非物质文化遗产，在传承方法上只能运用切合其发展和更新规律的动态方法，即按照自己的规律让它保持生命力。由于非物质文化遗产是复杂多样的，所以保持非物质文化遗产生命力的方法，自然不是一成不变的，而是多元的。

再次，非物质文化遗产传承过程具有专门性。物质文化遗产的传承主要是对物质文化遗产本身的整理、保存、保管和保护、展览等，要完成这些传承工作，传承人需要掌握一定的知识和技能，如敦煌壁画的传承人，需要掌握壁画色变、除潮、防光、防腐等知识和壁画修复技术。但值得注意的是，物质文化遗产传承人或相关工作者，所掌握的有关物质文化遗产整理、保存、保管和展出的知识与技能，与前代人创造这些文化遗产的知识与技能有的有关系，有的没有关系，不具有必然的联系。也就是说，传承故宫的人不一定要能够修建故宫，传承牙雕工艺品的人不一定要会制作牙雕工艺品，等等，物质文化遗产的传承人与其创造者可以是分开的，不具有必然的联系。非物质文化遗产的传承主要是对遗产所包含的艺术、观念、技艺等精神的传承，非物质文化遗产的传承者同时又是其创造者，如牙雕工艺的传承人，就不能只是一个牙雕工艺品的收藏者，而是一个掌握了牙雕工艺且从事牙雕活动的人。同样，影戏传承的内容包括制皮、雕镂、操纵、演唱、伴奏等技艺及其道具，所以影戏的传承人就不仅是影戏道具的保管员，还应该是能够制作和表演皮影的创造者，需要专门的影戏知识和技能。所以，非物质文化遗产传承对传承人有特殊的要求，那就是传承人必须是这种遗产的从事者、创造者之一，否则他就无法胜任传承这种遗产的使命。

最后，非物质文化遗产传承结果具有变化性。前面已言，物质文化遗产与非物质文化遗产在传承时具有一个共性，那就是必须保持质的稳定性，这是遗产在传承中保持自身的基础。但在保持质的稳定性上，非物质文化遗产与物质文化遗产又有不同的表现。物质文化遗产的传承，不仅要保持质的稳定，而且要保持量的不变，以遗产不变为最高追求。保护和传承者总是尽量保证物质文化遗产的原有状态不被改变，如对中国长城、兵马俑、故宫，法国埃菲尔铁塔，埃及金字塔等遗产的传承，往往以遗产原态（除了自然和人为灾祸）进行，传承者不能也不会对遗产本身形态随意改变。无论从联合国教科文组织《世界遗产公约》之类的国际法，还是各国文物法规都在相同或相似的规定中体现了这个精神。非物质文化遗产传承则不同，它在保持质的稳定性的基础上，不仅不反对变化，而且鼓励变化，因为创新是非物质文化遗产的生命。昆曲历经几百年的传承，尽管仍保有其昆山腔特征，却是在不断变化的，由最初的民间清曲小唱，至明嘉靖、隆庆年间魏良辅等人改革形成的委婉细腻、流利悠远的"水磨调"，到明万历年间流播到各地形成了众多流派且成为诸腔之首，再后来传入北京形成明天启初至清康熙末的一百多年的蓬勃发展期，最后形成了独特的戏曲表演体系。同样，流传至今的春节等节庆和其他一些民俗，都在传承中蕴含着变化，在变化中被继续传承。

所以，非物质文化遗产与物质文化遗产一样都具有传承性，而且在传承的可传性、物质载体性、本质稳定性等方面有一定的共性，但非物质文化遗产在传承方式、方法、过程和结果等方面则具有无形性、多元性、专门性和变化性特点，这些特点都是非物质文化遗产本质的具体体现。

## 二、实践性

非物质文化遗产的实践性，是指非物质文化遗产的产生和发展都离不开人类实践，是人类创造能力、认知能力和群体认同力的集中体现，是人类实践活动的重要内容。这一特性是由"文化"的内容决定的。文化被人们广泛地运用以致很难有统一的内涵，但有一点可以肯定，那就是，无论哪种"文化"都是人类实践的产物，其发生与发展都离不开社会实践，也就是说，文化具有实践性。

非物质文化遗产与物质文化遗产都属于文化遗产，都是人类实践活动的产物，所以二者都有实践性。但相对于物质文化遗产，非物质文化遗产的实践性有自己的特殊性。非物质文化遗产实践性的特殊性体现在人类实践的过程性、价值性、多元性、综合性和集体性等方面。

第一，非物质文化遗产的实践性表现为人类实践的过程性。所有的文化遗产都是人类实践活动的结晶，但是从文化遗产生成和传承来看，不同的文化遗产与人类实践结合的方式是不相同的。物质文化遗产作为"人化物"，是人类社会实践活动的结果，它的生成和传承往往具有事后性，遗产的意义是在遗产创造与传承实践结束后才获得的。如故宫作为物质文化遗产，它的意义不是在其设计、建筑过程中，而是建成以后作为遗产传给后人后才获得的。所以，物质文化遗产与人类社会实践的结果相关联，相对于创造和传承它的实践而言，具有事后性。非物质文化遗产作为人类的"精神"，它本身存在于人类实践活动之中，它的生成和传承都离不开具体的实践。如戏剧的唱做念打艺术，作为非物质文化遗产的存在，不是在戏剧表演结束之后才生成的，也不是在戏剧表演之后才进行传承的。它的生成与传承都在具体的戏剧表演过程之中，离开戏剧表演的实践活动本身谈戏剧的表演艺术是没有意义的。此外，其他的非物质文化遗产，如手工工艺、舞蹈表演、音乐表演、信仰仪式等，它们的生成、存在和传承，也都离不开具体的实践活动。实践是它们得以生成、存在和传承的基础，这些非物质文化遗产就体现在具体的实践之中。所以，相对于物质文化遗产的事后性，非物质文化遗产具有过程性，它贯穿于人类创造和传承非物质文化遗产的实践过程之中。

第二，非物质文化遗产实践性表现为人类实践的价值变异性。任何文化遗产的创造与传承都离不开价值追求。价值反映主体的人的需要与客体的对象的属性之间的关系的哲学范畴。从价值主体的角度来看，不同价值主体对同一对象的价值追求是不同的。具体体现在文化遗产中，那就是从文化遗产生成和传承主体来看，文化遗产的生成主体与传承主体对遗产的价值追求有所不同。物质文化遗产的生成和传承体现了不同实践主体的价值诉求，生成实践主体诉求的主要是"物"本身的现实价值，传承主体诉求的则主要是"物"背后的历史文化价值；非物质文化遗产的生成和传承动力，虽然也由不同的实践主体价值诉求来体现，但因为生成主体和传承主体所诉求的文化遗产都贯穿在相同或相似的实践过程中，故他们的价值诉求具有一定的连贯性和一致性。所以，非物质文化遗产实践性具有价值连贯性特点，是人类实践价值的具体体现。

第三，非物质文化遗产实践性表现为人类实践的多元性。从文化遗产生成和传承形态来看，非物质文化遗产是通过人类实践来生成和传承的，而人类实践是多元的，有物质生产实践、精神生产实践、处理人与人关系的实践等，其中每一种实践都可以生成和传承丰富多样的非物质文化遗产，因而，非物质文化遗产的实践性，还具体表现为人类实践的多元性。

第四，非物质文化遗产实践性表现为人类实践的综合性。从文化遗产的构成内容来看，非物质文化遗产体现了人类实践的综合性。每一种非物质文化遗产都是各种因素的综合体。神话传说往往与祭仪、典礼、说唱相结合，民族史诗往往与说唱、歌舞相结合，舞蹈从未与音乐、装扮、器乐等分离过，戏剧更是文学、音乐、舞蹈、美术等的综合体。至于节日、民俗庆典、仪式等概莫能外。所以，非物质文化遗产的实践性具体表现为人类实践的综合性，向云驹将其概括为三种形态：形式综合（艺术形式的综合运用，物质和非物质形态的综合）、功能综合（多功能、多效应的综合，往往是非自觉的）和参与者的综合（群体参与、分年龄段参与、分性别参与及不分男女老幼的共同参与；分角色、分扮演、分工、分职责的参与等等）。[①]

第五，非物质文化遗产实践性表现为人类实践的集体性。就文化遗产创造者、享用者和传承者而言，非物质文化遗产与人类实践活动一样，是一种体现集体观念的集体行为的反映。这种集体可以是一个村落、一个地区、一个民族甚至一个国家。非物质文化遗产的创作往往是多个人共同完成的，是集体创作。这种集体创作既是同时代的人共同创造的，又是不同时代的人不断完善、发展的，而且，一种遗产的展示，本身就需要多人共同完成。此外，个人、个性化的创造也只有加入集体传承和集体形态中，才能成为非物质文化遗产的有机组成，在表象的深层构筑起一道"集体无意识"的风景。

总之，非物质文化遗产与其他文化遗产一样，具有实践性特点，具体表现为人类实践的过程性、价值性、多元性、综合性与集体性，所以，从人类实践角度考察非物质文化遗产，是理解其特征的一把钥匙。

## 三、无形性

日本曾提出"无形文化财""非文字文化财"等概念，以与"有形文化财""文字文化财"相对应，这对联合国教科文组织提出"非物质文化遗产"概念产生了影响。其实，日本的"无形"观念源自中国传统文化。中国经典《易》《老子》《庄子》很早就已构建了"有和无""有形和无形"等对立范畴。老子认为：无生有，无形乃有形之根。"天下万物生于有，有生于无。"（四十章）"视之不见名曰夷，听之不闻名曰希，搏之不得名曰微。此三者不可致诘，故混而为一。其上不曒，其下不昧，绳绳不可名，复归于无物。是谓无状之状，无物之象，是谓惚恍。迎之不见其首，随之不见其后。执古之道，以御今之有。能知古始，是谓道纪。"（十四章）老子所理解的无、无形并非绝对的"无""无形"，而是"道"及其表征。日本的"无形"也并非一种绝对"无形"，而是从人不能直接感知的角度提出的。

中日的"无形"观，比较准确地揭示了"非物质文化遗产"的存在特征，即是一种变动的、抽象的和依赖于人的观念、精神的存在。当然，有人由此而提出所谓的"无形就是非物质"则是错误的。

物质与非物质概念是从存在与思维关系的角度提出的。物质是一种不依赖于人的思维

---

[①]向云驹. 人类口头与非物质遗产 [M]. 银川：宁夏人民教育出版社，2004：68.

的客观存在，其本质是无形的，但物质总是体现在并通过各种具体的物体形态呈现出来，这些具体的物质严格来说都是有形的，只因为人的感官知觉的能力有限而对一些物质形态无法感知，于是人们以无形来描述它们，如细菌、氧气等。非物质则是一种依赖于人的思维的存在，这种存在是无形的。有形和无形的概念主要依据人能否直接感知到事物形象而得出。物体是有形的，但因为人的直接感知能力无法感知所有物体，便产生了有形物体和无形物体之分别。从本体意义上讲，物质是无形的；非物质也是无形的，但有时却通过有形的物体作为自己存在的载体。

物质文化遗产是具体的文化物质，即人化自然物或人工制造物，文化与物料是其中两个水乳交融的元素，离开文化的物料和离开物料的文化都不能称为物质文化遗产。所以，物质文化遗产与其他文化不同，就在于它的物质性；与其他物质不同，就在于它的文化性。文化性决定了物质文化遗产的价值性，物质性则决定了物质文化遗产的有形性。

非物质文化遗产是抽象的文化思维，它存在于人们的观念，且随着人们观念的变化而变化，如知识、技能、表演技艺、信仰、习俗、仪式等，所以从本质意义上讲，非物质文化遗产是无形的，一方面它不像物质文化遗产那样是有形可感的物体，另一方面它不像物质文化遗产那样稳定。所以，非物质文化遗产在传承上就具有与物质文化遗产不同的特点，不只是通过物本身而主要是通过人的活动来进行。

我们还应看到，非物质文化遗产本质的无形性并不排斥其在存在和传承时的有形性。比如，剪纸艺术是非物质文化遗产，是无形的，但它的表现和传承却是通过工艺品和艺人等具体物、人或人的活动进行的，而这些物、人和人的活动却又是具体、有形的。再如，春节习俗是一种非物质文化遗产，它在一代又一代中国人观念中存在，是无形的，但它又是通过特定时间、特定人的活动来展示和传承的，因而又是有形的。尽管这些有形的物质并不是非物质文化遗产本身，却可以帮助人们理解无形的非物质文化遗产。

总之，与物质文化遗产存在的有形性相较而言，非物质文化遗产是无形的。

## 四、多元性

《保护非物质文化遗产公约》中提到非物质文化遗产是指被各社区、群体，有时是个人，视为其文化遗产的各种社会实践、观念表述、表现形式、知识、技能以及相关的工具、实物、工艺品和文化场所。即非物质文化遗产包括口头传说和表述，表演艺术，社会风俗、礼仪、节庆，有关自然界和宇宙的知识和实践，传统的手工艺技能等形态。这表明非物质文化遗产具有多元性，即不同的非物质文化遗产或同一种非物质文化遗产在不同时期、不同地域表现出来的形态都不相同。

任何文化都有多元性，但非物质文化的多元性有自己的特殊性。它不仅表现为不同地区、种族、信仰的群体、个体的非物质文化遗产不同，而且表现为同一地区、种族、信仰的群体、个体在不同时期的非物质文化遗产也具有不同的形态。整个人类非物质文化遗产的形态是多元的。

单从少数民族信仰看，我国少数民族非物质文化遗产是丰富多彩的，如反映虎图腾崇拜的云南彝族的"跳虎节"和青海土族的"跳於菟"（古语：虎）；反映青蛙崇拜的广西壮族河池等地区的"青蛙节"；反映祖灵崇拜的湖南土家族的"茅古斯"（土家语：浑身长毛的古裸人）、广西苗族的"芒蒿"（苗语：始祖神）、贵州威宁彝人的"撮泰吉"（彝语：祖灵庇护的游戏，又叫"变人戏"）和内蒙古蒙古族的"呼图克沁"（蒙古语：祖灵的祝福与送子）；反映山神崇拜的四川岷江两岸羌族的"祭山会"，四川、甘肃交界白马藏人的"咒鸟"（朝拜白马神山的祭祀舞蹈），包含羊、金丝猴、白马、黑熊等图腾崇拜；以节日民俗活动为载体，反映火崇拜、生殖崇拜、土地崇拜、神灵崇拜的云南彝族"火把节"、青海藏族"六月祭"、青海土族"纳顿节"和云南哈尼族"九献祭"等。

同样，同一种非物质文化遗产在不同历史时期、不同地域的存在形态也是有区别的，如宋代影戏、明清影戏与当下影戏都是有很大区别的；在当下影戏中，陕西皮影、滦州皮影和潮州皮影也各有不同的形态。

再如，明代传奇中的余姚腔、海盐腔、弋阳腔和昆山腔四大声腔，京剧中的京派、海派；古琴中不同时代、不同地区的不同派别：南宋时的浙派，明末的虞山派，清代的广陵派和近代的闽派、岭南派、川派、诸城派等等，都体现了不同时代、不同地域艺术派别的不同风格。不同的风格又更加丰富了各种表演艺术的表现力。

此外，不同风格、素养的非物质文化遗产传承人也会导致非物质文化遗产的多元性与多样性，如不同派别中具有代表性的表演艺术家又常常以他个人的气质、修养和独到的艺术创造而丰富了本派艺术的风格，使之得以发扬光大，传承后世。京剧中的京派、海派发展到后来已不仅仅是地域的区别，梅派更是因梅兰芳大师的扮相美、服饰美、唱腔美、身段美和表演美等特点而自成一派。

总之，多元性是非物质文化遗产的重要特征，联合国教科文组织制定《保护非物质文化遗产公约》的宗旨就是建立在非物质文化遗产具有多元性的基础之上的，保护不同国家、民族、地区文化遗产的多元性共存，是人类文化可持续发展的保障。

## 五、活态性

非物质文化遗产的多元性、变化性，说明它是一种"活态"文化。这种"活态"性，在非物质文化遗产的口头传说和表述及其语言、表演艺术、社会风俗、礼仪、节庆以及传统工艺技能等遗产中，表现得尤为突出，它们的文化内涵是通过人的活动表现并传达给受众的。这一点与物质文化遗产有明显不同。物质文化遗产的文化内涵是通过人的研究、挖掘、探索等取得认知、提示出来，然后以不同形式传递给受众。这种认知和提示，往往受到时代的局限，受到当时的认识能力和学术水平及科技发展所提供的认知技术手段等的局限。非物质文化遗产的文化内涵基本上是通过人的活动展现出来，直接传达给受众（或物体）。它在传达给受众时往往还会有互动，如表述中的语言交流，又如表演艺术的表演者表演精彩之处，受众（观众）会鼓掌，甚至会欢呼。这些都是物质文化遗产所不具有的。

非物质文化遗产中的传说、表述、表演者和传统工艺技能的操作者，是非物质文化遗产"活态"文化创造的主体，最具有能动性，处于"活态"文化的核心地位。他们在不同时期、不同地域、不同场次或场景的表述、表演和技能操作，都会有所发挥，都是一种新的创造。同一个戏曲剧目，不同剧种的表演会有所不同。即使是同一剧种，不同表演者的表演如表情、念白、唱腔、手势、体态，或者唱、做、念、打都不同，因此形成不同的艺术流派。同时，这些活的表述、表演，还会随着不同时期、不同地域、不同场次或场景等等变化而有新的变化。时代的前进与社会的发展，对表述、表演艺术都会有不同的影响，从而出现不同的面貌。

例如，京剧艺术是我国民族戏曲艺术的代表，是中华民族非物质文化遗产的杰作之一。在其两百多年的历史长河中，涌现出一大批杰出的表演艺术家，有被列入"京剧三鼎甲"的程长庚、余三胜、张二奎，有被誉为"京剧新三杰"的谭鑫培、汪桂芬、孙菊仙，有承前启后的"余派"创始人余叔岩，有世人瞩目的"四大名旦"梅兰芳、程砚秋、荀慧生、尚小云等，有戏路宽广的武生宗师杨小楼，有"四小名旦"之称的李世芳、张君秋、毛世来、宋德珠，有被称为"南麒北马"的周信芳、马连良，有被誉为"活武松"的盖叫天和被誉为"十净九裘"的一代京剧铜锤花脸裘盛戎。他们的表演艺术各有千秋，各具特色，对京剧表演艺术作出了巨大贡献，使京剧成为我国戏曲表演艺术百花园中"鲜艳"的奇葩。

如果我们从"活态"性这一特性出发，考察非物质文化遗产及其地域性、民族性、文化多样性等，就会发现它与物质文化遗产通过其时空定格、物质化的固定形态所表现的文化内涵的地域性、民族性、文化多样性等在形态上完全不同。进而言之，对物质文化遗产文化内涵的研究，是从"物"见"文"；而对非物质文化遗产文化内涵的研究，是从"传承人的传承活动"见"文"。

非物质文化遗产的活态性，还体现为非物质文化遗产在传承、传播过程中的变异、创新，这种变异、创新的内在动力是由非物质文化遗产的性质决定的，是内在的、必然的，是以不同传承者、享用者参与创造，展示出他们超个体智慧、能力的创造性；外在原因则是当这种文化遗产进入异时、异域、异族时，不变异、不创新就无法传承和流传，是为发展需要而必需的变异、创新。

可见，"活态"性是非物质文化遗产的本然形态和生命线，也是非物质文化遗产的重要特征之一。

总之，非物质文化遗产是人类特有的精神遗产，它具有传承性、实践性、无形性、多元性和活态性等特征。

# 第三节　非物质文化遗产的类型划分

探讨概念旨在认识非物质文化遗产本质，即回答非物质文化遗产是什么的问题；概括特征旨在从外部区别非物质文化遗产，即回答非物质文化遗产与其他文化有什么不同的问题；分析类型则旨在从内部区别非物质文化遗产，即回答非物质文化遗产内部各部分之间有什么不同的问题。

所以，类型分析是人类区分、认识对象的重要方法，所有成熟的科学研究都离不开类型分析。非物质文化遗产对象是复杂多样的，只有经过类型分析，我们才能准确、清晰地认识它们，才能建立规范、科学的非物质文化遗产理论体系，也才能有效地研究、传承和保护它们。

## 一、类型分析概述

如第一章所述，联合国教科文组织对非物质文化遗产概念的认识经过了曲折的历程，其对非物质文化遗产类型的认识也是如此。

联合国教科文组织有关非物质文化遗产的文件及其最终成果《保护非物质文化遗产公约》是这样分析非物质文化遗产类型的：一是以价值标准包括国际人权文件、相互尊重需要和可持续发展等限定下，把非物质文化遗产分为受《保护非物质文化遗产公约》保护的非物质文化遗产与不受《保护非物质文化遗产公约》保护的非物质文化遗产两类；二是以非物质文化遗产生存状况标准，把非物质文化遗产分为濒危非物质文化遗产与非濒危的非物质文化遗产两类；三是以价值、存亡状况、实用性等综合标准，把非物质文化遗产分为"非物质文化遗产代表作"与其他非物质文化遗产两类。

另外，联合国教科文组织《保护非物质文化遗产公约》在对非物质文化遗产概念说明时，指出以下五种文化形态属于非物质文化遗产，这一表达也具有类型分析的意义。

（一）口头传说和表述，包括作为非物质文化遗产媒介的语言；

（二）表演艺术；

（三）社会风俗、礼仪、节庆；

（四）有关自然界和宇宙的知识和实践；

（五）传统的手工艺技能。

我国政府对非物质文化遗产的分类，见于《国务院办公厅关于加强我国非物质文化遗产保护工作的意见》（国办发〔2005〕16 号）所附《国家级非物质文化遗产代表作申报评定暂行办法》第三条："非物质文化遗产可分为两类：1. 传统的文化表现形式，如民俗活动、表演艺术、传统知识和技能等；2. 文化空间，即定期举行传统文化活动或集中展现传统文化表现形式的场所，兼具空间性和时间性"，并指出非物质文化遗产的范围包括：

（一）口头传统，包括作为文化载体的语言；

（二）传统表演艺术；

（三）民俗活动、礼仪、节庆；

（四）有关自然界和宇宙的民间传统知识和实践；

（五）传统手工艺技能；

（六）与上述表现形式相关的文化空间。

可以看出，我国政府对非物质文化遗产类型的划分最初与联合国教科文组织大同小异，都是从非物质文化遗产概念界定和保护实践需要去认识非物质文化遗产类型的，只是列举或规定了一些非物质文化遗产形态，以便在实践中判断或保护非物质文化遗产，还不是一种有意的、科学的类型分析。

到了我国政府评审与公布第一、二、三批国家级非物质文化遗产代表作名录过程中，代表国家官方意志的非物质文化遗产"十大门类"的分类原则被确定下来并付诸实践。国家级非物质文化遗产代表作名录评审与公布所确定的非物质文化遗产十大门类分别是：

（一）民间文学；

（二）传统音乐（第一批名为"民间音乐"，从第二批起改为现名）；

（三）传统舞蹈（第一批名为"民间舞蹈"，从第二批起改为现名）；

（四）传统戏剧；

（五）曲艺；

（六）传统体育、游艺与杂技（第一批名为"杂技与竞技"，从第二批起改为现名）；

（七）传统美术（第一批名为"民间美术"，从第二批起改为现名）；

（八）传统技艺（第一批名为"传统手工技艺"，从第二批起改为现名）；

（九）传统医药；

（十）民俗。

显然，十大门类是建立在传统学科分工基础上的，如文学与艺术之分，艺术中音乐、舞蹈、美术、戏剧与曲艺之分，杂技、竞技、传统手工技艺与民俗之分。正因为如此，这种分类对于非物质文化遗产代表作申报、评审在较短时间内迅速得以展开起了积极作用，容易被人们所接受，可操作性强，但这种分类毕竟不是专门针对非物质文化遗产的，很难揭示非物质文化遗产各形态之间的真正差异。如从音乐学与曲艺学角度看，传统音乐与曲艺是不同的门类，但如果从非物质文化遗产学角度看，则同属于口传遗产。再如从民俗学角度看，物质民俗如房屋建筑、生产工具、生活工具等，与非物质民俗如节日、信仰等，都属于民俗学研究的范畴，而从非物质文化遗产学角度看，只有非物质民俗才真正属于非物质文化遗产学的范畴。

正因为如此，向云驹在《人类口头和非物质遗产》中就针对非物质文化遗产"以人为本"的文化特点，尝试以"人体文化"为基点，根据非物质文化遗产依赖于人体载体特性的不同，把非物质文化遗产分为以下四类：

（一）口头文化（语言、口头文学、口技、口头艺术、山歌、传统声乐）；

（二）体形文化（体饰、形体、行为）；

（三）综合文化（口语为主、口语形体并重）；

（四）当下的造型文化（建筑术与建筑物、民间艺人传人造型技艺、艺术家造型艺术）。

显然，这一尝试是十分有意义的，至少表明了对非物质文化遗产的分类，应该从非物质文化遗产自身特性出发，而不是简单套用现有学科的分类模式。当然，这个分类也存在一定问题，如第四类"当下的造型文化"就容易把文化遗产与当代文化、物质文化与非物质文化相混淆，因为当下的造型文化不仅仅可以是遗产，也不仅仅是非物质文化。

从非物质文化遗产自身实际出发，对其进行分类，这是非物质文化遗产类型研究的必由之路。非物质文化遗产是一种代际传承文化，人是非物质文化遗产的传承载体，精神创造与交流是非物质文化遗产创造与传承的基本方式，从人在创造与传承非物质文化遗产的方式来看，非物质文化遗产包括四个类型：口述非物质文化遗产、身传非物质文化遗产、心授非物质文化遗产、综合性非物质文化遗产。

## 二、口述非物质文化遗产

什么是口述非物质文化遗产呢？顾名思义，就是以口述形式创造和传承的人类遗产，即通过人的说、吟、唱等表达和传承的人声文化遗产，如口语、说书、相声、山歌等。

口述非物质文化遗产又称口述传统（oral tradition），有广义和狭义之分，前者指人类通过口述进行的一切传统活动及其内容，后者则专指人类口述进行的传统艺术活动及其内容，如神话、传说、歌谣、谚语、谜语、史诗、故事、口技、相声、评书、评话、谚语、山歌、传统声乐等的口述及内容。

据朝戈金的梳理，口头传统研究最初是从狭义的口头传统入手的。1960 年哈佛大学出版的《故事歌手》被尊为口头程式理论"圣经"。随后，在西方围绕"口头"与"书写"问题展开了一系列的论辩，论辩的焦点是口头传统与书写传统之间是否存在人类认知与现代心智的鸿沟。结构主义人类学家列维·斯特劳斯、传播学家麦克卢汉、社会人类学家杰克·古迪以及古典学者埃瑞克·哈夫洛克都曾参与到这场论辩中来，并引发了多个学科的热烈反应和踊跃参与。"书写论"派认为逻辑思维（演绎推理、形式运算、高纹心理过程）的发展取决于书写，"口头论"学则认为口头与书写在本质上都负载着相似的功能，它们在心理学上的差异不应过分强调。口头传统作为一个跨学科方向的兴起，可以追溯到18、19 世纪的"大理论"时期。"浪漫主义中的民族主义""文化进化论""太阳神话传说"等理论，分别把口头传统看作一个民族的"档案馆"或"文化遗留物"。到了 20 世纪后，米尔曼·帕里和理查德·鲍曼进一步发展了口头传统研究，并使其具有了学科特征。哈佛大学古典学者米尔曼·帕里在研究荷马史诗时，提出荷马史诗必定是"传统的"和"口述的"的论断。随后，他的学生和追随者艾伯特·洛德将他所开创的学术方向进行了系统化和体系化工作，成就了以他们两人命名的"帕里—洛德理论"（"口头程式理论"）。1970 年标志着"民族志诗学"兴起的刊物《黄金时代：民族志诗学》面世，强调对无文字社会文化传统中的诗学研究。1986 年民俗学家理查德·鲍曼在《故事、表演和事件：口头叙事的语境研究》中提出了"表演理论"，认为表演是一种语言使用模式，以一种说话的方式，它支配着作为口头传统的语言艺术。此外，瓦尔特·翁的《口头性与书面性：语词技术化》和鲁斯·芬尼根的《书面性与口头性：传通技术研究》，对口头传统理论作了进一步的丰富和发展。

到 20 世纪 90 年代后期，口述传统理论已成为西方学术界的显学，著述十分丰富，并影响到文学、史学、哲学、社会学、人类学、民俗学、政治学、传播学甚至自然科学史等各个领域。口头传统的研究不仅是对特定信息传播方式的研究，而且是对特定文化传统的研究。口头传统研究凸显了口头传统在文化类型学上的意义，为口述非物质文化遗产类型提供了依据。

口述非物质文化遗产具有一定体系性。从口述遗产的功能看，口述非物质文化遗产体系由口头语言遗产与口述文艺遗产两部分组成。

（一）口头语言遗产

所谓口头语言遗产，是指某一民族或地区的人世代通过口述形式传承的语言，如各民族口语、方言口语等。口头语言遗产与人类在生产、生活实践中使用的手势语、旗语、拟声、仿声、信号、记号和文字等语言形态一样，是人类传情达意的手段、工具。此外，作为一种文化遗产，口头语言遗产对人类还具有一些特殊的意义。

1. 人类发生学意义

语言是人类区别于动物的一个重要标志。《光明日报》（2003年2月14日）曾登过这样一则消息，断言已经找到人类开口说话的起点。从事这项研究的是英国牛津大学遗传学专家安东尼·玛纳克教授领导的一个研究小组。他们的研究成果公布在近期的《自然》杂志上。该小组发现，老鼠和所有灵长类动物身上，都有一种让语言表达"行不通"的属于5%最稳定遗传物质的FOXP2基因。在生物进化史上，在人类、黑猩猩和老鼠"分道扬镳"的十三亿年中，FOXP2蛋白质只变了一个氨基酸。而在人类和其他灵长类动物"人猿相揖别"的四百万到六百万年之间，两个语言基因中的氨基酸在人类身上却完成了突变，并最终成为遗传性基因。科学家们计算的结果是，这个关键性的基因突变发生在距今大约二十万年到十二万年之间。因此，口头语言文化遗产是人类发生学研究的重要资料。

2. 思维价值

语言是思维的外壳，不同的语言往往表现了不同的思维方式。口头语言遗产是研究人类思维的重要资料。一些地方仍保留着大量的原始口语或原始民族口语，这些口头语言往往表现为以直觉思维、形象思维、象征思维为特征的语言禁忌、语言巫术、语言象征等，如在大洋洲的某些部族，酋长和贵族阶层都要学习念咒语，并要能根据不同场合使用不同的咒语。播种时念播种咒语，对仇人、情人要念不同的咒语。如果念错咒语，就会灾难临头。

阿兰达部落有7种鹦鹉名称却没有"鹦鹉"一词，爱斯基摩人用20个不同词语称呼从冻结到融解不同状态的冰，印第安人用约10个不同词来称呼处于不同成熟阶段的玉黍。印第安人用狮子表示将士的勇猛，用鹰比喻眼光锐利者，而且"一切的度量都是借喻。当人们说一件东西有三尺二寸长，这就是说它的长度等于三只脚和两只大拇指"。

3. 记忆价值

与人们常说的"口说无凭"不同，现代学术研究表明，口语有两个重要特征：高度发达的记忆功能，忠实于事实具体细节的信念，二者互为因果。研究古代非洲帝国和非洲文明的著名学者A. 哈姆帕特·巴为了撰写《马西纳富拉尼帝国史》，曾耗费15年时间在非洲大陆广泛收集有关该帝国的历史传说，记录了至少1000人的讲述，最后他得出结论："我发现，整个说来，这一千位陈述人尊重了事实真相，历史的主线处处相同。"

## （二）口述文艺遗产

所谓口述文艺遗产，是指人类在生产或生活实践中通过口述形式创造和传承的具有艺术审美特性的文化遗产。口述文艺遗产根据其内容与形式等的不同可分为以下几类。

1. 口头文学遗产

口头文学遗产，主要指通过口述语言形式塑造文学艺术形象反映现实或表达情感的文化遗产，如神话、民间传说、传统故事、传统歌谣、民族史诗等。

口头文学遗产往往具有以下特点，一是采用纯粹口述形式创造和传承，即徒口讲说吟诵，不外带音乐、舞蹈、图像等视听形式；二是通过叙事或抒情来塑造文学形象，具有文学感染力；三是多为群体或集体创造和世代传承，具有群体性、历史性。

2. 口头技艺遗产

口头技艺遗产，主要是指人采用独特的发声技巧模仿自然界或人类社会中的各种声音而创造、传承的人声遗产，这种遗产侧重展示人类利用自己的发音器官模仿外界声音的技巧和能力。

口技是口头技艺遗产的主要代表，又叫"像生"或"象声"，即以口音模仿各种人声、鸟声、市声等。

清末有个口技艺人"百鸟张"。百鸟张原名张昆山，辛亥年间在天桥及什刹海等处，单人独技，露天拉场。开演之时，佐以手势，或用手掌自抚其口，或用指自按其腮。观众闭目倾听，如入羽族之市。开演之先，他用白土洒字，将所学的鸟类，就地书明，以招顾客。学鸟声之外，更能效人之语声，工《醉鬼回家》《五子闹学》诸出。艺人"百鸟张"的表演表明，清末口技已有分化趋向，出现了明相声和暗相声之分。所谓明相声，就是揭去围幔，面对面向观众表演，成为视听结合的艺术。"隔壁戏"成了"当场戏"，口技象声，一变而成为相貌（表演）加声音（语言和仿声）的"相声"。

3. 口头文学与口头技艺双重遗产

口头文学与口头技艺双重遗产，是指既强调人声发声技艺，又重视通过口述语言塑造艺术形象的文化遗产，如相声、说话等。

相声由口技发展而来，在仿声技艺基础上融入了文学与表演成分。

说话是在民间故事基础上发展起来的，到唐代介入书面创作后出现了"话本"，形态也丰富起来。中唐元稹《酬翰林白学士代书一百韵》曰："翰墨题名尽，光阴听话移"，自注云："乐天每与余游从，无不书名屋壁，又尝于新昌宅，说《一枝花》话，自寅至巳，犹未毕词也。"[1] 白居易喜欢听说话，一次听讲李娃故事，从凌晨到近午，六七个小时没有听完。到了宋代，说话形态丰富。耐得翁《都城纪胜·瓦舍众伎》说："说话有四家。一者小说，谓之银字儿，如烟粉、灵怪、传奇。说公案，皆是搏刀赶棒及发迹变泰之

---

①[唐]元稹撰. 元稹集 [M]. 冀勤点校. 北京：中华书局，1982：116—117.

事。说铁骑儿，谓士马金鼓之事。说经，谓演说佛书。说参请，谓宾主参禅悟道等事。讲史书，讲说前代书史文传兴废争战之事。最畏小说人，盖小说能以一朝一代故事顷刻间提破。"[1] 到了元代，说话又新叫"说书"。说话也有称为"评话""评书"的。说书艺人在表演中或者照话本、手抄本讲说，或者按提纲即兴表演。按写定本讲的叫"底事书"或"墨刻儿"；以纲目即兴发挥加口传心授或"耳剽"而来的叫"路子书"或"道儿活"。直到今天，说书界还是推崇"道儿活"，贬低"墨刻儿"。

4. 徒口音乐遗产

徒口音乐遗产，主要是指人徒口创造或传承的具有旋律的人声文化遗产，强调人声的旋律性和节奏感。

民歌是徒口音乐遗产的代表，有山歌、渔歌、花儿、号子等多种叫法，是特定民族、区域、行业的人在生产、生活或民俗活动中创造和传承的音乐性人声文化遗产。民歌按功能分，可分为劳动歌、生活歌、仪式歌等类型。

劳动歌主要是指人们在生产劳动过程中用来表情达意的歌曲，如拉纤号子、车水号子、打粮号子、伐木号子、捕鱼号子等号子，以及田歌、牧歌、渔歌、猎歌等行业歌。生活歌主要是指人们在社会生活中形成歌曲，包括相思歌、送郎歌、起誓歌类情歌和饮酒歌等。仪式歌主要是指人们在各种生产、生活、民俗仪式活动中演唱的歌曲，如祀神歌、哭嫁歌、丧葬歌等。仪式歌有几个特点：①多由一人主唱、主吟；②篇制一般较大；③多为叙事歌体。

徒口音乐遗产即无伴奏的人唱艺术，主要源头有三：一是口头语言和诗歌，它们的节奏、韵律具有音乐性；二是人体的节奏感和节奏音响，如呼吸、说话、劳动等节奏性；三是传情达意时的手势语、呼喊声、仿声等，奠定了口头歌唱的"歌唱"或"出声"的生理基础及物理条件。格罗塞说："人类最初的乐器，无疑是嗓声（voice）。在文化的最低阶段里，很明显，声乐比器乐流行得多。"[2] 民间徒歌是人类广为流传的一种音乐形式，如我国京族的唱哈节、壮族的三月三、西北的花儿会等都是歌唱的盛会。

## 三、身传非物质文化遗产

表情达意是人类创造和传承文化的基本动力，从口语、嗟叹到咏歌，再到舞蹈，既表明了口述文化遗产的次第发展，也表明了由口述遗产到身传遗产发展的演变历程。

身传非物质文化遗产，是指人通过自身身体的局部或整体运动来创造或传承的技艺性

---

[1] 都城纪胜（外八种）[M]. 上海：上海古籍出版社，1993：7.
[2] [德]格罗塞. 艺术的起源 [M]. 蔡慕晖译. 北京：商务印书馆，1984：217.

文化遗产，如传统舞蹈、传统书法、传统手工艺等。从某个意义上讲，口述非物质文化遗产也可归属于身传非物质文化遗产，因为人的发音器官本身是人体的一部分，口述非物质文化遗产是通过人身体的一部分即发音器官的运动而创造和传承的。但从人体运动所产生结果即非物质文化遗产的特性来看，口述非物质文化遗产与身传非物质文化遗产的区别还是十分明显的。口述非物质文化遗产是一种人声遗产，遗产的意义是通过声音符号流动来表达和传递的，是一种时间的听觉的文化。身传非物质文化遗产则是一种人体动态遗产，遗产的文化意义蕴含在人体的运动中，是一种空间的视觉的文化。

根据身体运动的形式和效果来分，身传非物质文化遗产可以分为形体技艺遗产与行为技艺遗产两大类。

## （一）形体技艺遗产

形体技艺遗产是指人类在生产、生活实践中逐步形成的以人体自身运动形态来创造、表达和传承的文化遗产。人类的直立行走、手的动作与手势，身体的曲直扭动、体态体势语言等是形体技艺遗产形成和发展的基础，人类生产、生活的功利性需求与娱乐、审美的非功利性需求分化则是形体技艺遗产分化为形体艺术与形体竞技的内在动力。

1. 形体艺术遗产

形体艺术遗产是指人借改变身体状态来叙事抒情、表达意志，满足人类娱乐、审美等非功利性需求为目的的身体运动技艺，形体的空间造型与艺术表达是形体艺术遗产的核心。这类遗产以舞蹈、舞剧为代表。舞蹈是通过人体有节奏的动作形象地模仿、再现现实或抒情的空间艺术。舞剧是通过人体动作、表情扮演角色的综合表演艺术。

2. 形体竞技遗产

形体竞技遗产是指借改变身体状态以满足人类竞技等功利性需求目的的身体运动技艺。展示人体运动的特技、力量、灵巧是形体竞技遗产的核心。传统杂技、传统武术与传统体育等是形体竞技遗产的代表。

## （二）行为技艺遗产

行为技艺遗产是指人通过自身行为改变对象原有形态而创造、表达和传承的文化遗产。行为技艺遗产与形体技艺遗产有共同点：一方面，二者都是技艺遗产，技艺是其遗产的核心；另一方面，二者的创造、表达与传承都离不开人体运动，是身传遗产。但是二者的区别也是十分明显的，形体技艺遗产主要依靠人体运动形态来表现，是人体的空间造型和意义表达；而行为技艺遗产主要依靠人体运动所作用的对象状态来表现，是对象的空间状态和意义表达。

根据人行为技艺改变对象的目的，我们可以把行为技艺遗产分为艺术技艺遗产、生产技艺遗产、生活技艺遗产、民俗技艺遗产和其他技艺遗产五类。

1. 艺术技艺遗产。艺术技艺遗产指人作用于对象的技艺性行为以生产艺术或艺术产品为目的，如传统的器乐演奏技艺、绘画技艺、书法技艺、工艺刺绣技艺、艺术雕刻技艺等。

2. 生产技艺遗产。生产技艺遗产指人作用于对象的技艺性行为以生产农业或工业产品为目的，如农业耕作技艺、渔业生产技艺、纺织技艺等。

3. 生活技艺遗产。生活技艺遗产指人作用于对象的技艺性行为以生活或生活产品为目的，如传统烹调技艺、传统刺绣技艺等。

4. 民俗技艺遗产。民俗技艺遗产指人作用于对象的技艺性行为以民俗活动或民俗产品为目的，如飘色绑扎技艺、祭祀面品制作技艺、祭祀活动技艺等。

5. 其他技艺遗产。其他技艺遗产指人作用于对象的技艺性行为以生产、艺术和民俗之外的需求为目的，如中医的针灸、推拿技艺等。

## 四、心授非物质文化遗产

人类对非物质文化遗产的创造与传承，除了口述、身传方式外，还有一种重要的方式，那就是心授。

心授非物质文化遗产，是指主要通过人的观念潜移默化地表达或传承的文化遗产。心授非物质文化遗产是观念、信仰、心理等抽象的精神文化，如民间信仰、民族心理、传统节日等。

心授非物质文化遗产与口述、身传非物质文化遗产有一定联系：一方面，口述、身传非物质文化遗产创造、表达和传承的过程深受心授非物质文化遗产的影响；另一方面，心授非物质文化遗产的表达和被感知也离不开口述和身传的行为。

但是，心授非物质文化遗产与口述、身传非物质文化遗产仍然有本质的区别。口述、身传非物质文化遗产的对象是人创造、表达和传承文化的口述与身传行为本身，而心授非物质文化遗产的对象则是人口述与身传行为背后的思想观念、心理等。

## 五、综合性非物质文化遗产

综合性非物质文化遗产，主要是指通过两种或两种以上方式创造、表达、传承的非物质文化遗产。

根据创造、表达和传承的方式，综合性非物质文化遗产可分为四种：一是口述与心授并重的非物质文化遗产，如各种讲唱表演；二是口述与身传并重的非物质文化遗产，如说演表演、伴乐演唱；三是身传与心授并重的非物质文化遗产，如伴乐舞蹈、仪式舞蹈等；四是口述、身传、心授并重的非物质文化遗产，如传统戏剧表演，传统融歌、舞、仪式等为一体的民俗活动等。

1. 说唱表演

说唱表演是一种丰富复杂的表演形态，或者以非常醒目的音乐伴奏、伴唱完成表达与传承；或者以唱为主要手段，成为一种人声歌唱，在歌唱中叙事、抒情。它是比口头艺术、说演艺术更为音乐化的表演形态。如巫术说唱、史诗讲唱、说唱表演等。

2. 说演形态

说演形态是一种介于徒口表演与说唱表演之间的表演形态，以口头讲说为主，辅以器具伴奏。它是说话表演进一步艺术化的结果。在说上，它离开散文体的口述，借助韵律、格律，使语言韵体化；在伴奏上，它强化韵律、吟诵的节奏，但又不是音乐和歌唱。如数来宝、三棒鼓、莲花落、金钱板等。

3. 伴乐舞蹈

伴乐舞蹈是一种把舞蹈与伴奏音乐相结合的表演形态，以舞蹈为主，辅以器具伴奏。它是舞蹈表演进一步发展的结果。在舞蹈上，它较无伴奏舞蹈更注重韵律、节奏感，使舞蹈动作更具有艺术化；在伴奏上，它强化了舞蹈的节奏，使音乐成为舞蹈表现力的组成部分。如少数民族的铜鼓舞、古代宫廷的乐舞等。

4. 戏剧表演

戏剧表演是人借助各种手段扮演角色的综合表演。它的形态十分丰富，从人扮演角色方式言，有人戏和偶戏、影戏；从扮演手段言，有说白戏、唱戏、动作戏、综合戏等；从演剧功能言，有仪式剧、娱乐剧、艺术剧等。

# 第二章 非物质文化遗产保护原则与途径

## 第一节 非物质文化遗产保护的主要原则

非物质文化遗产保护是一项长期的系统的实践工程，涉及各方面的利益和要求。因此在实施这项工程时，既要考虑非物质文化遗产自身规律和特点，又要考虑非物质文化遗产现状，还要考虑非物质文化遗产保护的不同主体的不同的价值诉求，等等，当然还要借鉴人类在物质文化遗产保护和自然生态保护中的经验，要吸取人类此前在非物质文化遗产领域保护的具体的经验教训。非物质文化遗产的保护应该遵循以下几个原则。

### 一、生命原则

保护非物质文化遗产，就是要确保它的生命力，这是由非物质文化遗产的本质所决定的。非物质文化遗产不像物质文化遗产那样是已经死去的静态的物，而是一种具有生命力的活态的精神。保护对这种精神遗产唯一能够发挥作用的就是确保其在代际之间传承时保持其固有的生命力。这就是非物质文化遗产保护的生命原则。

在理解生命原则时，不能把非物质文化遗产的生命与自然的生命等同，虽然我们对非物质文化遗产生命力的理解在一定程度上是受了自然生命力观念的影响。自然的生命力是由许许多多个体的生命构成的，虽然每个当下的个体生命是在前代个体生命的基础上遗传与变异的结果，与其前代有一种内在的联系，但其作为生命个体仍然具有独立的意义，尤其对人类而言，其独立性更为明显。但非物质文化遗产不同，它的生命力除了体现其代际之间的关联外，还与人类自身具有密不可分的关系，是人类精神活动的具体呈现。所以，非物质文化遗产的生命是由人类代际之间的精神传承和创新来体现的，是祖先的精神创造和实践活动的再现和发展。

非物质文化遗产保护的生命原则，就是采取措施，确保人类代际之间精神传承和创新的自然、自由，确保代际之间共同的精神创造活动的存在和发展，确保非物质文化遗产以自己的方式生存和传承。

生命原则要求非物质文化遗产的保护要做到：其一，尊重非物质文化遗产自身的发展规律，尊重非物质文化遗产的自我发展权利；其二，允许并鼓励非物质文化遗产的传承与创新；其三，尊重并保护传承人对非物质文化遗产宣传和传承的权利。

## 二、系统原则

欧洲大陆在工业革命之前，对文化遗产的保护主要集中在对有形的、单个的文物古迹的保护上面；近代以来，则扩大到对文物古迹及其周边环境的保护；其后又扩大到对以某个历史建筑群为主体的历史街区、历史区域乃至某个古城镇的保护。这种物质文化遗产的保护原则对非物质文化遗产保护的借鉴意义是：非物质文化遗产保护不应该只针对具体的个体的非物质文化遗产。世界各国对自然生物保护中的生态保护原则对非物质文化遗产保护的借鉴意义是：非物质文化遗产保护不应该是只对主体的保护，还应该包括对其环境的保护。物质文化遗产保护与自然生态保护的经验在非物质文化遗产保护的最大体现，就是系统原则。

所谓系统原则，就是在非物质文化遗产保护中坚持系统论，即把非物质文化遗产看作一个完整的有机系统，既要保护本体，又要保护本体之间的联系，还要保护环境，使非物质文化遗产的自我生态系统得以修复并可持续发展。系统原则强调非物质文化遗产的整体性和系统性，不仅表现为自身的系统性，还表现为其与周围环境的系统性。

与系统原则相关联的表述是整体原则、生态原则。非物质文化遗产保护的系统原则是生态原则和整体原则的有机结合，不仅要求对非物质文化遗产的保护要全面、整体，包括非物质文化遗产中的物质和非物质的因素、主体的和客体的因素，而且要求对非物质文化遗产的保护要系统，包括非物质文化遗产自身的系统、与周围环境共生的系统等。非物质文化遗产本身是一个联系的系统，要建立对非物质文化遗产本质的认识，不仅要看其内在的联系，而且要看其外在联系。

## 三、人本原则

人本原则就是指非物质文化遗产的保护要尊重传承人的意愿，要重视对传承人的保护，要以传承人为本。

从非物质文化遗产的存在与发展而言，传承人具有本体的意义。与物质文化遗产不同，传承人不是单纯的遗产接受者和传递者，他同时也是非物质文化遗产的创造者、革新者，离开传承人来谈非物质文化遗产的存在和发展，是毫无意义的。从非物质文化遗产的价值而言，非物质文化遗产的价值具有普遍性，同时又有特殊性，普遍性价值以特殊性价值为基础。普遍性价值是世界、国家、地区、民族等层面开展非物质文化遗产保护的依据，特殊性价值则是遗产传承人自觉传承和创新非物质文化遗产的内在动力。所以，尊重传承人的价值诉求，保护非物质文化遗产的特殊价值，是非物质文化遗产保护的基本出发点。

人本原则应该是非物质文化遗产保护的基本法则，非物质文化遗产的调查、申报和保护都要尊重非物质文化遗产传承人（所有者）的意愿，要保护其拥有和自由享用及传承遗产的权利，要建立非物质文化遗产价值享用的分级体系。根据与非物质文化遗产价值关系的亲密程度，这一分级体系可分为若干等级，传承人对非物质文化遗产的享用和传承为第一等级，其他等级在享用或传承非物质文化遗产时，要尊重传承人的意愿，要保证传承的利益。

当然，非物质文化遗产保护的终极目的，是为了人类文化的多样性和可持续发展，进而为了整个人类社会的可持续发展。在实现这个终极目的的同时，要处理好其与传承人、族群、民族、地区、国家等关于非物质文化遗产保护的阶段性目标的关系，既要展望未来，又要立足现实。当然，当部分传承人传承非物质文化遗产的个体利益与人类整体的社会发展相矛盾，甚至对人类整体的文化传承发展有危害的时候，就要尊重大多数人的利益诉求，这也是人本原则的体现。

## 四、优先原则

作为人类的精神创造，所有非物质文化遗产都应该是平等的，它们是人类创造权和文化认同权的体现，是人的基本权利的体现，但从族群、民族、地区、国家和人类文化发展的需要来看，也从人类可利用资源来看，在保护非物质文化遗产时，应该有一定的先后次序，也就是说，非物质文化遗产保护应该遵循优先原则。

哪些非物质文化遗产应该优先保护呢？

在实际操作中，各个民族、地区、国家有不同的标准。对不同的价值主体而言，同一非物质文化遗产价值是不同的。从传承人角度和其他人的角度看，同一非物质文化遗产的价值差别很大。所以，不同的保护者，自然选择不同的非物质文化遗产作为保护对象。优先原则应该结合保护的层面来谈，不同层面的优先对象是不同的。

在优先原则执行过程中，除了考虑保护主体的价值诉求，对那些对保护主体价值大的非物质文化遗产要优先保护，还要考虑非物质文化遗产的生存状态，对那些既有一定价值且处境又比较濒危的非物质文化遗产要优先保护。

联合国教科文组织以及各国设立的世界级、国家级、地区级非物质文化遗产代表作名录，虽然没有明确指出把入选名录作为优先保护的条件，但在实际操作中却往往是这样做的，这种名录实际上充当了执行优先原则的一个标准。

当然，为了充分发挥优先原则在非物质文化遗产保护中的作用，在确定优先原则的标准上必须认真研究、综合考虑，既要考虑非物质文化遗产的现实价值和未来价值，又要考虑遗产保护投入和发展投入之间的平衡，还要充分考虑非物质文化遗产的现实生存状况，避免利用优先原则制造新的文化殖民和文化霸权，对文化多样性制造新的威胁。

## 五、公平原则

非物质文化遗产保护的目的是促进人类文化的多样性并存和人类文化的可持续发展。为了实现这一目标，在保护各种非物质文化遗产时，就不能不执行公平原则。承认所有的非物质文化遗产都在生存与发展方向上有平等的选择权利，任何组织和个人不能从自己的文化出发否定其他组织和个人的文化选择权利。这是非物质文化遗产保护立法的基础，也是开展非物质文化遗产保护的基本要求。

公平原则和优先原则不矛盾。公平原则主要是就非物质文化遗产生存权和发展权而言，优先原则是就非物质文化遗产保护投入而言，鉴于人类可投入的非物质文化遗产保护资源的有限性，以及非物质文化遗产本身发展的不平衡性，还有人类对非物质文化遗产价值诉求的差异性，人类对某些非物质文化遗产采取优先保护，并不是在非物质文化遗产之间制造不平等，而恰恰是非物质文化遗产保护公平原则的体现。

## 六、特色原则

非物质文化遗产是人类文化的特殊门类，既有普遍性又有特殊性。每种非物质文化遗产之所以存在并在人类社会中发挥作用，不仅仅是因为其具有非物质文化遗产的共性特征，更重要的是因为它们分别具有自己的特殊性。这种特殊性是其区别于其他非物质文化遗产的标志，是其具有独立价值的基础，也是构成非物质文化遗产多样性的基本条件。

非物质文化遗产保护的特色原则，就是强调在非物质文化遗产保护中，不是消除非物质文化遗产的个性特点，而是保护和发展其个性特征，使非物质文化遗产的特色凸显出来。

非物质文化遗产的特色原则，充分体现了非物质文化遗产的个性差别，包括语言差别、民族差别、地域差别、历史差别等。非物质文化遗产保护要尊重这些差别，并使这些差别凸显出来。

## 七、效益原则

非物质文化遗产保护从某个意义上讲，是一种投资行为。作为投资，必然涉及效益问题，即要考虑投入与产出的关系，实现效益的最大化。

非物质文化遗产的投资，包括人力、物力和财力的硬件投资，还包括社会舆论和政策等软性投资；而非物质文化遗产的投资效益，体现为多个方面，包括社会效益（记忆、认同、凝聚力、文化生产力等），还包括经济效益（如文化产业以及对其他产业的促进作用），这些都是非物质文化遗产投资效益的体现。

非物质文化遗产保护在当下以政府投入为主，政府投资看重的往往是非物质文化遗产的社会效益，而对经济效益不够重视。在很多非物质文化遗产保护专家眼里，追求非物质文化遗产保护的经济效益会带来对非物质文化遗产的损害，这使得人们对非物质文化遗产的经济效益避而不谈，或者很少涉及。而企业等机构对非物质文化遗产保护的投入，往往是看重其当下和未来的经济效益，这样的目的也为那些保守的非物质文化遗产保护者所非议。事实上，非物质文化遗产本身兼具社会效益和经济效益，包括长远效益和近期效益、当代效益和未来效益等。在非物质文化遗产保护中必须坚持效益原则，只有坚持效益原则，非物质文化遗产保护才是现实的和长久的。

我国政府对民族民间文化投入大量的人力、物力、财力进行保护，并取得了显著的成就。如收集整理了"三大史诗"（包括藏族《格萨尔王传》、蒙古族《江格尔》、柯尔克孜族《玛纳斯》）和维吾尔族大型传统经典音乐套曲《十二木卡姆》；编撰、整理、出版了民族民间文艺《十大集成》；从 1979 年以来评选了四次共 204 名国家级工艺美术大师；建立了云南民族村、民族文化传习馆、大研古乐会、贵州民族文化生态博物馆；等等。在文化遗产立法方面也做了大量工作，如制定《宪法》《民族区域自治法》中的相关条款；全国人大常委会 1982 年颁布实施《文物保护法》，1990 年颁布实施《著作权法》；1997 年国务院制定颁布《传统工艺美术保护条例》。

# 第二节　非物质文化遗产的传承与保护主体

## 一、非物质文化遗产的传承主体

由于非物质文化遗产是植根于民族民间土壤的活态文化，是发展着的传统的行为方式和生活方式，因而，它不能脱离生产者和享用者而独立存在，它是存在于特定群体生活之中的活的内容。它无法被强制地凝固保护，它的生存与发展永远处在"活体"传承与"活态"保护之中。从这个意义上说，传承主体是进行非物质文化遗产保护的核心因素。如果从事非物质文化遗产的传承人日益减少，乃至青黄不接、后继乏人，他们承载的那些非物质文化遗产就谈不上有效传承和发展，只会逐步走向消亡。所以，保护好非物质文化遗产项目传承人和传承团体，重视发挥各级传承主体的作用，是做好非物质文化遗产抢救与保护工作的根本。

## （一）何谓"传承主体"

在非物质文化遗产中，民间艺人创作的剪纸、年画、泥塑、木雕、风筝、织锦、唐卡等作品，是他们绝技、绝艺的物质载体，而他们所具有的精巧的艺术构思、高超的手艺及罕见的绝技、独到的艺术表现手法，以及创作过程中遵循的行业规矩和信仰禁忌等，这些富有无限创造力的经验与智慧，这些无形的精神因子，则是非物质文化遗产的灵魂，是具有根本价值的宝贵财富。"尽管生产工艺品的技术乃至烹调技艺都可以写下来，但是创造行为实际上是没有物质形式的。表演与创造行为是无形的，其技巧、技艺仅仅存在于从事它们的人身上。"要使非物质文化遗产的传承形成一条永不断流、奔腾向前的河，"人"是决定性的因素，因为一旦老一代的传承人离世，他身上承载的某种非物质文化遗产就会随之消亡，所以，解决传承主体即传承人的问题，乃是当务之急重中之重的大事。

传承是非物质文化遗产的基本特点，只有通过传承主体的口传心授，才能使非物质文化遗产世代相传，永不断流。非物质文化遗产的传承主要有两种形式，一是群体传承，如礼俗仪式、岁时节令、社祭庙会等大型民俗活动，一般属于群体记忆或民间记忆，为群体所创造和拥有，通过群体传承的方式才能得以世代相传；二是传承人传承，如口头文学、表演艺术、手工技艺、民间知识类的民俗文化等。传承人通过带徒授艺、口传心授，把自己掌握的绝技绝艺传给后人，使他们的技艺得以延续下去。每一项传承至今的非物质文化遗产，都是经过了几代甚至几十代传人的创造、传承与创新而逐步发展铸就的。如人类非物质文化遗产代表作新疆维吾尔木卡姆艺术，肇始于民间文化，起源于祭祀和劳动。它最早的音乐形式是公元前 206 年流行于西域东部和天山以南的楼兰、姑师一带的"摩诃兜勒（大套歌曲）"。后因社会动荡等多种原因，几近失传。1547 年，酷爱音乐和诗歌的维吾尔族女性阿曼尼萨成为以新疆莎车为国都的叶尔羌汗国的王后，她召集大量的乐师和木卡姆演唱家大规模地整理木卡姆，使之系统化和规范化，从而整理出结构完整、体系严密、朗朗上口、易于理解的全新"木卡姆"。后来，随着历史的变迁和政治、文化的发展，直到 19 世纪，又逐步精缩为十二部套曲，并定名为"十二木卡姆"。其间经历了一代又一代传人的继承和发展，并不断吸收和融合其他民族的优秀音乐而日臻完善，成为集音乐、歌唱、舞蹈和文学为一体的大型综合艺术形式。目前在新疆各绿洲流行的多种木卡姆都与"十二木卡姆"有着直接或间接的关联。如果没有历代传人的继承、创新和发展，"木卡姆"就不可能流传到今天，更不可能在艺术成就上有如此的高度。由此可知，非物质文化遗产是在世代相继的传承中延绵不绝的，它的本质特征是活态流变性。因此，非物质文化遗产在不断的传承与发展过程中，传承主体始终是这个过程的主角。传承主体承载着非物质文化遗产的薪火，对传承主体的保护，是非物质文化遗产保护中的最根本问题。

任何非物质文化遗产的传承都要靠传承主体来实现，那么，何谓非物质文化遗产的传承主体呢？非物质文化遗产的传承主体是指某一项非物质文化遗产的优秀传承人或传承群体，即代表某项遗产深厚的民族民间文化传统，掌握着某项非物质文化遗产的知识、技艺、技术，并且具有最高水准，具有公认的代表性、权威性与影响力的个人或群体。他们为社区、群体、族群所公认。传承人是非物质文化遗产的重要承载者和传递者，他们以非凡的才智、灵性，创造着、掌握着、承载着非物质文化遗产相关类别的文化传统和精湛的技艺，非物质文化遗产正是依靠他们的传承才能得以延续。如在我国古代非物质文化的传承中，华佗、孙思邈、李时珍是传统医药行的祖师；黄道婆是棉纺的祖师；杜康是酿酒业的祖师；鲁班是木石建筑业的祖师；刘三姐是壮族的歌仙，等等。这些彪炳史册的祖师，便是我国古代优秀的非物质文化的创造者和传承者。一个杰出的传承人是某一类非物质文化遗产的代表。非物质文化遗产的保护是以代表性传承人开展传承活动为重要特征。

非物质文化遗产的传承比物质文化遗产的传承更复杂、更凸显人的作用。因为，非物质文化遗产是一种动态遗留，是人类过去的实践过程的当下演变，是活的文化技艺、精神的承继与发展，所以，它需要在发展中生存。传承主体肩负着传承与创造的双重使命，既要把自己掌握的高超技艺、技能传授给后人，又要在传承中不断发展自己拥有的知识和技艺，使传承的技艺与技能因创新和发展而有所增益。

被国家和各级政府指定或认定为非物质文化遗产传承主体的传承人、传承团体，担负着将自己所持有的技艺、技术传承给后人，贡献给社会的责任和义务，享有发展自己所持有的非物质文化遗产的权利。传承主体要肩负起这份责任并履行好自己的义务，首先应该增强进行文化传承的自觉意识，应认识到，个人所拥有的某种特殊的文化技艺与技术，既属于自己或特定群体，又是国家和民族优秀传统文化的有机构成因素，是属于全人类的宝贵财富。为此，传承者应有开阔的胸襟和开放的意识，改变过去那种固守秘密，将其技艺、技术只在本家族内传承的狭隘做法，扩大带徒传授的范围，要千方百计地把愿意学、有灵气的年轻人聚在自己的周围，培养出更多的合格继承人，使其技艺、技术能传承发展、弘扬光大。

关于非物质文化遗产传承人应尽的义务，联合国教科文组织颁布的《关于建立"人类活珍宝"制度的指导性意见》中规定："人类活珍宝"的义务应当是：①改进他们的技艺与技术；②将他们的技艺与技术传授给徒弟；③在无版权问题和争议的情况下允许以有形的方式（录像、录音、出版）对他们的活动进行记录；④在常规条件下，向公众发表运用其技艺和技术生产的产品。可见，优秀传承人的义务不只是带徒传艺，而且要求他们在传承自己技艺、技术的同时，要不断改进与提高，有所发展和创新，这是符合事物发展的客观规律的。任何一种技艺、艺术如果只停留在一个水平上，不能随时代前进而不断地演进和发展，总是一副老面孔，没有容光焕发的新面貌，在传承中就会缺乏生机与活力，甚至遭到自然淘汰。

2008年5月14日文化部颁布的，并于2008年6月14日起开始施行的《国家级非物质文化遗产项目代表性传承人认定与管理暂行办法》（以下简称《办法》），是我国第一个国家级非物质文化遗产项目的相关管理文件，标志着我国在非物质文化遗产保护法规建设上的重要进步。《办法》的第十三条，对国家级非物质文化遗产项目代表性传承人应承担的义务作出了如下规定：1. 在不违反国家有关法律、法规的前提下，根据文化行政部门的要求，提供完整的项目操作程序、技术规范、原材料要求、技艺要领等；2. 制订项目传承计划和具体目标任务，报文化行政部门备案；3. 采取收徒、办学等方式，开展传承工作，无保留地传授技艺，培养后继人才；4. 积极参与展览、演示、研讨、交流等活动；5. 定期向所在地文化行政部门提交项目传承情况报告。这五条具体规定，具有可操作性的指导意义，使国家级非物质文化遗产项目代表性传承人明确了应该做什么和怎样去做。

## （二）传承主体保护的紧迫性、重要性

中国非物质文化遗产存活在众多杰出传承人的记忆和技艺里，传承人的口传心授是非物质文化遗产传承的最重要的渠道。可以说非物质文化遗产的保护，归根到底是对传承制度、传承环境和传承主体的保护。目前，我国非物质文化遗产的传承链十分脆弱，许多项目传承人的生存状况不容乐观。一是传承人普遍"高龄化"。从第一批国家级非物质文化遗产项目代表性传承人来看，226名传承人中大部分年龄都在60岁以上。显然，非物质文化遗产的传承人已进入了老龄化时代和衰亡高峰期。不少国宝级的非物质文化遗产传承人，大多年迈体弱，有的身怀绝技但未能传承给后人就已离开了人世，这就致使有的非物质文化遗产项目濒临绝境。如北京京西一带曾风靡一时的下苇甸皮影戏，有着200年的历史，前几年还有3位皮影老艺人健在，他们已是第三代传人了。如今，3位老艺人均已离世，他们的高超技艺无后人继承，这一颇具特色的民间艺术便在当地消失了。屡经磨难幸运保存下来的360个皮影道具，已成为北京市门头沟区博物馆的馆藏文物。这种"人亡艺绝"的事件并非个案，在专家学者们进行非物质文化遗产考察时，常能遇到或听到诸如此类令人扼腕叹息的事情。不少高龄的优秀传承人带着自己的绝活，遗憾地离开了这个世界，而他们所掌握的瑰宝般的绝活也就永远消失了。二是后继乏人。由于许多传统技艺，难度高、强度大、耗时多、收入低，很少有人愿意学，不少民间艺术大师面临着无弟子或

弟子太少的尴尬境地。如国家级非物质文化遗产项目壮族布洛陀的第七代唯一传承人黄达佳，目前仅有一个五十多岁的徒弟；环江毛南族花竹帽编织工艺也仅存一位老艺人，门下也只有一位接班人。三是缺少基本保障。非物质文化遗产代表性传承人绝大多数都是土生土长的民间艺人，长期以来，他们的艺术创造得不到社会应有的承认和回报，生活困难，工作条件艰苦。如果各级政府不能及时地给予他们扶持和资助，紧靠"热爱"维系的创作活动很难长久进行下去。所以，开展对非物质文化遗产代表性传承人的调查与认定、管理与保障，保护与传承其杰出技艺，迫在眉睫。

造成某些项目传承面狭窄、后继乏人的状况，其原因是多方面的。首先，受传统传承方式的局限。在物质匮乏的农耕社会，艺人对从祖辈传袭而来的又经过自己多年的潜心学习和磨砺才拥有的某种技艺、绝活，怀有一种敝帚自珍式的心态，在他们看来所掌握的技艺是立足社会、养家糊口的独有本领，这种本领只属于本家族或者是某一族群所有，绝对保密，不得外传。这样便形成了某些民间技艺单线式的传承方式，即一对一地传承，父传子、母传女、师父传徒弟。为了保证家族拥有的某种技艺不外传流散，传承中甚至出现了只传男不传女，可以传给儿媳却不能传给女儿的现象。如被列入首批国家级非物质文化遗产名录的沙河藤牌阵，是我国北方仅存的一种古代兵法实战技术，自明代至今已历经数百年的历史。如今仅存于我国河北省沙河市十里铺村，当地人称之为"打藤牌"。它之所以传承面狭窄，就是因为几个世纪以来，传承主体一直遵循着"只传男，不传女，传里不传外，谁传外谁死"的训诫，并把这一训诫奉为"金科玉律"。根据古训，藤牌阵操练者只准操习一种兵器，且不允许对阵法进行文字、图形记录。因此，70多种藤牌阵法没有留下任何文字记载，只有少数几位"藤牌会首"能够通晓全套阵法。如今，村里懂得全套阵法的人只剩下年已80多岁的第十二代传人胡道正一人了，胡道正老人已入选首批国家级非物质文化遗产代表性传承人。如今，当地已将藤牌阵操练纳入了小学的体育课程。尽管胡道正老人教习的热情很高，但阵法仍是传男不传女，且有些家长怕孩子受伤，不愿意让孩子学习，藤牌阵法传承依然面临后继乏人的考验。谨慎保守的传承方式，必然造成某些民间技艺流传的范围很窄，掌握的人数极少。同时，这种一对一的传承，主要是通过口传心授，借助面对面的语言交流来进行的，因而对传者的依赖性很大，若传者突然去世，或传授的技艺无徒可收时，传者所拥有的这门技艺就可能失传。

其次，受现代文化和现代生活方式的冲击。相对封闭的社会文化环境，是保持传统文化的稳定性和完整性、使民族民间传统技艺能够在代与代的传承中自然延续的客观条件。一旦这一客观条件改变了，文化传承就面临威胁，传承链在某些环节就会出现断裂。随着现代化浪潮的涌起和商品经济的深入发展，偏远落后的少数民族地区也深受现代文化与现代生活方式的影响，结束了过去与外界隔绝的封闭状态。社会成员在开阔了眼界，大量接触了外来文化后，开始认同现代文化和现代生活方式，尤其是年轻人大多钟情于现代艺术，追求现代时尚，对传统艺术和技艺不再有昔日的热情。他们有着强烈的求富意识和求知意识，对生存、对美、对快乐有了与他们祖辈完全不同的理解。加之要学好一门传统技艺需要下苦功夫，难度高、强度大、耗时多、收入低，令很多年轻人望而却步。如上海古老的松江顾绣，被誉为鲁绣、苏绣、湘绣的渊源，以技法精湛、形式典雅、艺术性极高而著称于世。绣时以针代笔，以线为墨，画绣不分，要求绣工会看画、懂画理、认得画家笔势，因此难度很高。据顾绣传人朱庆华介绍，顾绣要先将丝线剖成24份，然后用12号小针穿上剖成1/24细的丝线，耗时几个月甚至几年才能完成一幅顾绣作品。况且要成为优秀的顾绣继承人，还需要有一定的灵气和悟性。要学好这门技艺太苦、太难，年轻人自然不肯问津。

再次，现代科技的发展和人们现代审美情趣的改变，对传统文化艺术也造成了较大的冲击，导致了市场日益萎缩。如电影、电视、多媒体艺术对皮影戏的冲击，现代流行歌舞对传统戏曲的冲击，现代电脑绘画、高效胶版印刷技术对传统木版年画、剪纸作品的冲击。一些民间的麦秆画、刺绣、剪纸等，题材陈旧，几百年来表现的多是才子佳人、宫廷仕女、花鸟虫鱼、梅兰竹菊等传统图案，难以适应现代人的审美需要，对年轻人缺乏吸引力，后继乏人，使得传承人生活困顿，技艺面临失传困境。同时，传承人自身缺乏市场策划、包装、运作等商业手段，不能有效地借助现代科技对非物质文化遗产进行创新，不能有效利用现代知识产权制度保护自己的创新成果，致使非物质文化表现手段落后，效率低下，假货泛滥，市场秩序混乱，传承链面临断裂的危险。由此可见，非物质文化遗产传承的自发过程，在现代化浪潮的冲击下受到了严重影响，其面临的诸多威胁，的确令人担忧。倘若听之任之，许多民间宝贵的文化将迅速消亡。那么，如何使非物质文化遗产传承的薪火燃烧下去，且越烧越旺，这是我们今天必须用行动回答的一个重大问题。

非物质文化遗产历史悠久，但也十分脆弱。传承主体承载着非物质文化遗产的薪火，如果不对他们进行抢救与保护，非物质文化遗产就成了无源之水、无本之木。因此，对传承主体的保护，是非物质文化遗产保护中的最根本问题。要将直接由生命承载的非物质文化遗产连同生命体本身有效地加以保护，就必须采取行之有效的措施，为其创造必要的生存空间和传承环境，在资金和人力有限的情况下，应该首先抢救和保护那些弱势的、濒危的非物质文化遗产项目传承人。

（三）对传承主体的保护

在封闭保守、落后狭小的地区出现的民间发明、文化创造很容易自生自灭。要使民间宝贵的文化财富传承下来，使民间濒临灭绝的一些文化事象、技艺起死回生，就要高度重视非物质文化遗产传承主体的保护工作，采取科学有效的抢救与保护措施。近年来，联合国教科文组织很重视这项工作，不仅颁布了《关于建立"人类活珍宝"制度的指导性意见》，而且从 1993 年开始已启动了建立"人类活珍宝"项目的保护工程。这项工程起源于日本政府 1950 年采取的"人间国宝保护体制"，因在抢救和保护传统民间文化方面成效显著，得到联合国教科文组织的推广，从而纳入非物质遗产抢救与保护的整体框架之中。目前，"人类活珍宝"项目正在推广和试行之中。从 1996 年起，联合国教科文组织在一些具备条件的成员国，特别是已建立起"人类活珍宝"体制的成员国，轮流举办"人类活珍宝"体制国际培训班。如果顺利有效，联合国教科文组织计划推出"世界'人类活珍宝'名录"。

为了有效地传承和保护国家级非物质文化遗产项目，鼓励和支持代表性传承人开展传习活动，进而建立起一套科学有效的传承机制，根据《国家级非物质文化遗产项目代表性传承人认定与管理暂行办法》，文化部 2007 年至 2012 年相继评定并公布了四批共 1986 名国家级非物质文化遗产项目代表性传承人。地方各省（市、区）也陆续认定与命名了省级非物质文化遗产项目代表性传承人近 9000 名。涵盖了民间文学、杂技与竞技、民间美术、传统音乐、传统舞蹈、传统戏剧、传统手工技艺、传统医药及民俗共十大类，产生了广泛的社会影响。

各级文化部门和国家级非物质文化遗产项目保护单位，为了有效保护和传承非物质文化遗产，鼓励和支持非物质文化遗产传承人开展传习活动，通过采取文字、图片、录音、录像等方式，全面记录传承人掌握的非物质文化遗产表现形式、技艺、技能和知识；提供传习场所，资助开展传习活动，组织宣传与交流；有计划地征集并保管代表性传承人的代表作品，建立档案、数据库，积极支持代表性传承人开展传习活动。

为了进一步完善传承机制，促使传承人保护制度化、规范化，文化部颁布了《国家级非物质文化遗产项目代表性传承人认定与管理暂行办法》，对国家级名录项目的代表性传承人的认定标准、权利、义务和资助等作出了规定。此《办法》的施行有力地促进了对代表性传承人的科学保护。此外，一些地方政府也对代表性传承人的认定与保护工作非常重视，各省都已公布了省级非物质文化遗产项目代表性传承人，如云南省、北京市等省市已经命名了多批省级非物质文化遗产项目代表性传承人。江苏、浙江、陕西、河南等省，先后制定了非物质文化遗产保护项目代表性传承人认定与管理办法。一些省市重视对代表性传承人的保护，为他们发放生活补助费，安排他们授课带徒，展演、展示他们的优秀作品，对他们的传承活动进行档案登记、数字化存录等。总之，非物质文化遗产代表性传承人的认定与保护，已得到了各级相关部门的重视，已成为非物质文化遗产保护的重中之重。

为了切实加强和进一步做好非物质文化遗产传承主体的保护工作，还需要多方共同努力才能在实践中取得显著成效。从实际情况来看，至少需要以下三个层面的共同努力。

1. 政府层面

各级政府对非物质文化遗产传承主体的抢救、保护与传承起主导作用并负有重要责任。我国政府应参照联合国教科文组织相关文件的精神，针对我国国情，制定出一套符合我国实际的非物质文化遗产传承主体的评估认定体系，提出实施抢救与保护工作的指导性意见。在建立健全非物质文化遗产代表作名录体系的同时，应着力建立国家、省、市、县四级宝塔形的非物质文化遗产传承人名录体系，以便实施分类管理和保护。

在优秀传承主体的认定上，应坚持一定的标准，把握好选择的尺度。国家级传承主体的认定，应考虑或参照联合国教科文组织颁布的《关于建立"人类活珍宝"制度的指导性意见》中提出的四条选择尺度，即：①其杰出的、罕见的人类创造性价值；②对于一种文化传统和历史来说，它是独一无二的或至少是特殊的证明；③它具有一个特定地区或特定流派的显著特征；④它正面临消失的危险，因为在从业者和（或）继承者数量上严重锐减，历史可靠性意义的丧失，文化意义的重大丧失，无形文化财产的法律地位的重大改变而引起的对其保护的缩减。坚持如此标准，才能保证认定的传承主体是"国家活珍宝"，是我国非物质文化遗产的代表性传人。各省、市、县在普查、认定本地区非物质文化遗产代表作的同时，也应遴选出创造这些代表作的优秀传承人及传承团体，建立起各级传承人名录，明确抢救与保护的对象，以便有的放矢地做好非物质文化遗产传承主体的保护工作。

普查与认定工作的完成，只是进行传承主体抢救与保护工作的第一步，接下来各级政府应通过对传承人（传承团体）的资助扶持和宣传鼓励等手段，建立起科学合理的非物质文化遗产传承机制。作为政府，不光要制定文化政策，对非物质文化遗产的传承和发展提出要求，还要采取切实可行的方法与措施，切实加强对传承主体的保护。

首先，应建章立制，保护和管理好代表性传承人。在这方面已出现了一些值得借鉴的做法，如浙江省文化厅为了深入细致地做好代表性传承人的工作，建立了代表性传承人访问和报告制度，规定"三个必报""五个访问"，即各地文化部门在工作中了解、发现代表性传承人家中有突发事件必报，代表性传承人大病逝世必报，代表性传承人有重要艺术成果必报；代表性传承人家中困难必访，大病逝世必访，收徒传艺必访，有重要艺术活动必访，有突发事件必访。这一制度的实施，不仅及时了解和掌握了传承人的状况，而且充分体现了政府对传承人的关爱。

其次，应加强扶持和资助的力度。可通过多种渠道筹措资金，建立起传承人保护基金会。如果有了较充裕的资金保证，能给传承人定期发放津贴，辅之以适当的物质奖励，使他们不再为生计发愁，同时手里还能有点传承培训经费，便能调动起他们的积极性，使他们能够把全部精力投入到带徒传艺上。建立传承基地，为他们提供授课带徒、理论研讨、展演、展示的平台。在扶持和资助传承人方面，各省都采取了许多积极措施。

各级政府在对非物质文化遗产保护建立法规制度时，要完善知识产权法，增加对使用精神产品的补偿，维护原创者、传播者的利益，保护他们的权益。如对作品复制的严格规定和限制；采取必要措施，防止所收集的民间艺术品被有意无意地不正当使用；对民间文化艺术作品公开展示、展览，给予艺术家一定的补偿等。应建立传承人权益保护组织，集中管理传承人权利，或在有关行业协会中增加这方面职能。有了法律、法规的保障和相应的权益保护组织，才能有力地促进非物质文化遗产的传承与发展。

2. 领导干部层面

这里所说的领导干部，是指在各地区担负着该地区经济、政治、社会、文化发展决策及实施决策部署的人。他们的思想觉悟、政策水平、工作实绩，直接关系到所管辖的地区经济、政治、社会、文化能否协调发展，非物质文化遗产能否代代相传、绵延不绝。在一些经济发展落后的地区，尤其是一些偏远贫困的少数民族地区，解决人们的温饱问题是这些地区领导干部最主要的工作。他们急于利用文化资源发展经济，因此，在政策的制定和实施上，很难有超前的眼光和长远的规划，而急功近利的心理和行为，往往会造成对非物质文化资源的过度的开发或破坏性的利用。不少领导干部并不看好老艺人掌握的费时、费力又没有什么经济效益的"绝活"，不能为他们提供必要的传承条件，不肯用有限的资金去解决文化传承和文化发展问题。结果是可想而知的，民间传统的技艺、艺术后继无人、自生自灭。随着一个个老艺人的相继离世，一些民间技艺、艺术也随之消亡了。

国家政府的文化政策和工作规划是需要各级领导干部贯彻执行的，领导干部应当清楚弘扬民族传统文化，守护民族精神家园的重要性。要通过加强理论学习，正确掌握党的各项文化方针政策；要提高"文化自觉"，充分认识到非物质文化遗产是传承和延续中华文脉的重要形式，也是发展国家文化软实力的重要资源。非物质文化遗产体现了中华民族薪火相传、自强不息的民族精神，保护非物质文化遗产，深入挖掘和充分展示非物质文化遗产的深刻内涵和重要价值，是落实科学发展观、繁荣社会主义先进文化、促进社会主义和谐社会建设的必然要求。在工作实践中，要自觉地关注、思考本地区的文化传承问题，主动及时地设计、制订出有效的文化传承计划，把传承主体的保护提到议事日程。各级领导干部要在发展经济的同时，切实抓好本地区文化的传承和发展，为非物质文化遗产的抢救与保护作出自己应有的贡献，成为中华民族传统文化的守护神和中华民族当代文化的建设者。

### 3. 传承主体层面

传承主体对非物质文化遗产的传承，需要有国家的政策和法规作保障。为此，国家政府已出台了相关的政策与法律，各级政府也已拟定或正在拟定与之相应的各种保护条例或意见。2011 年 6 月 1 日起开始实行的《中华人民共和国非物质文化遗产法》的第三十一条，明确规定了非物质文化遗产代表性项目的代表性传承人应履行的义务："（一）开展传承活动，培养后继人才；（二）妥善保存相关的实物、资料；（三）配合文化主管部门和其他有关部门进行非物质文化遗产调查；（四）参与非物质文化遗产公益性宣传。"此条还明确了代表性传承人的退出与重新认定问题，即："非物质文化遗产代表性项目的代表性传承人无正当理由不履行前款规定义务的，文化主管部门可以取消其代表性传承人资格，重新认定该项目的代表性传承人。"这些上升为法律条文的规定，使我国非物质文化遗产代表性项目的传承有了相应的政策与法规的保障，促使传承主体能更有效地履行自己的职责和义务，开展多种多样的传习活动。

（1）传承主体要积极开展传承活动，培养后继人才。作为传承主体，首先应该增强自己进行文化传承的主动性和自觉性，要改变过去非物质文化遗产传承的保守自发的状态，逐步走上开放自觉的传承之路，扩展传承的范围和途径，毫无保留地把自己的"绝活"、"绝技"传给后人，为弘扬民族传统文化作出自己的一份贡献。在已命名的各级代表性传承人中，已涌现出不少感人的事迹。他们以"延续文脉，传承瑰宝"为己任，免费收徒，倾囊相授，把所掌握的高超技艺成功地传授给后人，培养出不少"青出于蓝而胜于蓝"的优秀后继人才。如青海省黄南藏族自治州热贡画院院长、热贡艺术国家级代表性传承人娘本，为了壮大从事热贡艺术艺人的队伍，培养高素质、高技艺人才，自从他创办热贡画院以来，每年招收 15 名左右贫困家庭的学生，为他们提供食宿，并免费培训。这一举措不仅为热贡艺术培养了一批批人才，而且使这些贫困家庭出身的孩子掌握了一技之长，步入社会后能找到自己的立足之地。

目前，民间口传心授的传承方式正在不断地革新和发展，在原先的家族亲缘传承关系基础上，已涌现出了一些新的传承和保护方式，如在北京，出现了几家对外挂牌开放的家庭艺术馆。面人艺人张宝琳用自己多年来创作的作品布置出一个展厅，供喜好民间工艺美术的人士参观鉴赏，其作品中的《中国历代文化名人群像》被誉为面塑珍品，堪称面塑艺术史上的创举。剪纸艺人刘韧于 1999 年创办的"刘韧剪纸屋"也很有特点，在 126 平方米的展厅内，几百件精美的剪纸作品引人注目，有的线条简洁，充满动感；有的小巧精致，刀法细腻。表现内容也极为丰富，成语故事、人物肖像、风景名胜、花鸟虫鱼等应有尽有；特别是那些烘托节庆气氛的剪纸，有图必有意，有意必吉祥，千姿百态的美丽图案，展示着健康的审美情趣和丰富的精神内涵。制作鬃人 40 多年的老艺人白大成布置的鬃人家庭艺术馆，不仅展出自己创作的 100 多件 "鬃人" 系列艺术品，同时还展出个人收藏的面塑、毛猴、皮影、草编等民间工艺品 400 多件。这些老艺人利用自己现有的条件，积极展示个人的艺术创作成果，现场演示手艺绝活，在扩大传统工艺美术影响的同时，也使许多人对这些艺术产生了浓厚的兴趣，其中有些人由喜爱到钟爱，想拜师学艺，成为民间艺术新一代的传人。

在各级政府相关部门的大力扶持下，代表性传承人在履行传承人义务时，不断拓宽传承渠道，形成了多种有效的传承方式。我们在徽州文化生态保护实验区考察时，看到该地区在非物质文化遗产代表性项目的传承上出现了三个创新点：一是突破传统 "师带徒" 作坊式传承模式，搭建平台，与职业教育相结合，将单一的、封闭的个体传承方式向系统化、规模化转变。如黄山市歙县依托行知学校对歙砚、徽州砖雕、徽派盆景技艺等进行传承，已培养出了大批既具有优良的综合素质又掌握高超技艺的优秀人才。此外，休宁县依托德胜木工学校对徽州木雕的传承，宣城市绩溪县依托安徽徽厨技师学院对传统徽菜制作技艺的传承，也都取得了显著的成效。二是依托传统文化教育，从娃娃抓起，进行特色教学，让徽州文化入心、入脑，增强广大民众保护传承徽州文化的自觉性和责任感。如黄山市屯溪区大位小学对珠心算技艺的特色教育，歙县新安学校请传承人进课堂教授小学生传唱徽州民歌的做法，宣城市绩溪县伏岭镇伏岭村小学开设的 "徽戏童子班" 等。三是在进行生产性保护的非物质文化遗产项目的传承中，传承人广收门徒，采取群体传承方式，培养了一批掌握某一方面技艺的骨干，在实现项目经济价值、市场价值的同时，更好地保护、传承、发展了优秀的传统文化。如婺源县华龙木雕有限公司、歙县老胡开文徽墨厂、安徽歙砚厂、屯溪徽派石雕工艺厂等。这些传承机制的建立，为非物质文化遗产代表性项目开拓了更为广阔的传承和发展空间，使非物质文化遗产保护更具活力，更具可持续性。

（2）传承主体应履行妥善保存相关实物、资料的义务。非物质文化遗产虽然是活态文化，传承和保护的重点是其蕴含着的精湛的技艺、独特的思维方式、丰富的文化内涵等无形的精神因子。但是，这些精神因子又是通过一定的物化形式而呈现，并依赖一定的物质条件和物质载体而存在和发展的。因此，非物质文化遗产在漫长的发展、演化中，留下了极为丰富的实物资料。实物指与非物质文化遗产密切相关的工具、道具、器具、代表性作品等；资料主要是指前人遗留下来的原始材料以及后人在调查中形成的文字、图片、声音、影像等各类资料。这些实物和资料非常珍贵，它们承载着非物质文化遗产的基因，是历代人民创造的宝贵财富和聪明智慧的结晶。传承主体要从对国家和历史负责的高度，从维护国家文化安全的高度，认真妥善地保存好自己所掌握和拥有的实物资料。

（3）传承主体要配合文化主管部门和其他有关部门进行非物质文化遗产调查。非物质文化遗产的调查工作，是非物质文化遗产保护的一项基础性工作，目的是通过调查，全面了解和掌握各地各民族非物质文化遗产资源的种类、数量、分布状况、生存环境、保护现状和存在的问题。传承主体有义务配合各级文化主管部门和其他有关部门做好非物质文化遗产调查工作。具体应做到：①提供真实信息。即提供完整的项目操作规程、技术技艺、材料配方等，调查人员应按国家有关法律，法规做好保密工作。②信息内容要全面、翔实。如详细的项目传承发展的历史情况；真实的项目制作或生产活动全过程；代表性作品或实物的准确的尺寸、形状等；对一些大型民俗活动，不仅要提供具体的时间、地点，而且应提供真实完整的影像资料等。

（4）传承主体要积极参与非物质文化遗产公益性宣传。为了使传承人传承的精湛技艺和技术能够传播开来，让大众知晓，各级政府和有关部门都在通过组织丰富多彩的活动，为非物质文化遗产代表性项目搭建节庆平台、宣传平台、展示展销平台，使传承人在这些平台上精彩亮相、献艺献技、扩大影响。如自2006年以来，文化部等部委主办、中国艺术研究院等部门承办了"中国非物质文化遗产保护成果展""中国非物质文化遗产专题展""中国非物质文化遗产传统技艺大展""中国非物质文化遗产百名工艺美术大师技艺展""中国非物质文化遗产珍稀剧种展演""中国少数民族传统音乐舞蹈展演""中国非物质文化遗产生产性保护成果大展"等。在这些展览展演中，"大师级民间艺人"现场献艺，令参观者大开眼界，使人们目睹了各种民间艺术和技艺精彩的表演、繁复精细的技法、典雅精美的形式、鲜明古朴的风格，感受到了我国民间艺术和技艺所具有的迷人魅力。在各级政府搭建的平台和组织的非物质文化遗产公益性宣传活动及对外文化交流活动中，传承主体应积极参与，充分展示自己的才华，促进非物质文化遗产的传承和传播，为提高广大民众的保护意识贡献力量。

总之，只有做好传承主体的抢救与保护工作，才能使非物质文化遗产的传承生生不息、永续发展。

## 二、非物质文化遗产的保护主体

我国的非物质文化遗产保护工作，是继承和弘扬中华民族优秀文化传统、推动建设有中国特色社会主义先进文化的一项浩大的系统工程。要有效、有序地开展非物质文化遗产的抢救与保护工作，非物质文化遗产的保护主体的重要作用是不可或缺的。如果从事保护工作的相关组织、部门、团体，不能各司其职，形同虚设，抢救与保护工作就无法落到实处，再周全的计划和举措也只是停留在纸上谈兵。因而，重视发挥各级各类保护主体的作用，是做好非物质文化遗产抢救与保护工作的关键。

### (一) 何谓"保护主体"

非物质文化遗产的保护主体是指负有保护责任、从事保护工作的国际组织、各国政府相关机构、团体和社会有关部门及个人。它包括国际组织、国家政府、各级各类非物质文化遗产保护机构、社区与民众。

各级各类保护主体负有不同的责任、承担着不同的保护工作任务,但是工作的目标却是一致的。国务院办公厅颁布的《关于加强我国非物质文化遗产保护工作的意见》中明确规定了我国非物质文化遗产保护工作的目标,即:"通过全社会的努力,逐步建立起比较完备的、有中国特色的非物质文化遗产保护制度,使我国珍贵、濒危并具有历史、文化和科学价值的非物质文化遗产得到有效保护,并得以传承和发扬。"要实现这一目标,保护主体在工作实践中就要坚持保护工作原则:"政府主导、社会参与,明确职责、形成合力;长远规划、分步实施,点面结合、讲求实效。"强调"政府主导",是因为文化建设属于政府五大建设(政治、经济、社会、文化、生态)之一,是政府的主要职能。政府在非物质文化遗产保护工作中居于领导地位,是组织者和管理者。强调"社会参与",是因为非物质文化遗产是人类民间的瑰宝,分布范围广,涉及众多领域,其自我保护能力又十分有限,这就需要整合社会各方面的资源,需要全社会的共同关注、参与和支持。加之非物质文化遗产保护是一项专业性、学术性、群众性很强的工作,社会参与在很大程度上将决定非物质文化遗产保护工作的进展和成败。所以,只有充分调动起各个相关部门的积极性,明确分工与职责,形成一种合力,构建起非物质文化遗产保护的长期稳定高效的工作运行机制,各级各类保护主体明确并履行好自身的职责,非物质文化遗产保护工作才能环环相扣、层层落实、协调发展、稳步推进。

### (二) 各级各类保护主体的职责

各级各类非物质文化遗产保护主体都负有什么职责?又该如何履行这些职责呢?下面逐层探讨一下各级各类保护主体的作用和应尽的职责。

1. 国际组织

各国的非物质文化遗产既属于本国,又是全人类共同的精神财富。为了使这笔宝贵的财富得到整个人类的共同关注与重视,使各国非物质文化遗产保护工作实现国际间的交流、合作与相互支持、援助,以更好地保护人类文化的多样性,成功地进行国际保护是必不可少的。譬如,有的国家长期笼罩在种族歧视的阴霾中,对少数族裔进行排斥、迫害。在这种情况下,这些少数族裔留下的非物质文化遗产不但得不到本国政府的保护,反而可能受到威胁和破坏。如果国际社会不站出来加以干预,这种人为的破坏就会使一些非物质文化遗产迅速消亡。

关于在非物质文化遗产保护工作中国际组织的作用、国际一级保护工作的意义已在本书的第四章中有详尽的论述，这里就不再赘言，只需概括一下国际组织在非物质文化遗产保护工作中应履行的主要职责：

（1）制定具有普遍指导意义的工作准则、建议，起草和通过相关的国际公约和法律议案。

（2）进行调研和科研，对未来人类非物质文化遗产保护工作中可能出现的各种情况，做出前瞻性的预测，并及时推出指导性意见。

（3）充分发挥联合国教科文组织内设立的政府间保护非物质文化遗产委员会的作用（下称"委员会"）。委员会的职能在《保护非物质文化遗产公约》中列出了7条，归纳起来看，它的职能主要是提供国际合作与援助来保护非物质文化遗产。它负责制定急需保护的非物质文化遗产的标准，负责定期遴选和公布人类非物质文化遗产代表作名录。

（4）促进各国间的交流与合作。主要通过研讨、培训和一系列学术活动，沟通信息、交流经验，采取共同的保护行动。共同缔结条约、互相开展合作，使各缔约国建立起完善的保护非物质文化遗产工作机制。

（5）对需要援助的缔约国，实施各种形式的援助活动。诸如帮助培训各类所需人员，提供专家和专业人员，提供设备和技能，在必要时提供低息贷款和捐助，等等。

在人类非物质文化遗产的抢救与保护工作中，国际组织这一保护主体的作用是不容忽视的。正是通过它的提倡、引导、鼓励、监督、协调、传播、参与，才能引起各国政府对非物质文化遗产保护工作的重视并纳入工作议程，使保护工作逐步走入正轨。

2. 国家政府

非物质文化遗产虽然是属于全人类的文化遗产，但它存在于不同的国度，它的发明创造者也隶属于不同的国家。从物权的角度看，国家是人类非物质文化遗产所有权主体，享有对非物质文化遗产的占有、使用、收益和处分权。在非物质文化遗产抢救与保护工作中，各国政府是最重要的保护主体。只有充分发挥这层保护主体的作用，保护工作才能在各个国家有序展开，形成不同的特色。保护非物质文化遗产是全社会的共同义务，更是国家政府的首要责任，政府处于决策、组织、统筹的地位，始终起着主导作用。因此，全面深入地推进非物质文化遗产保护工作，是与政府的领导决策、战略部署、得力举措、有效监督分不开的，也与各级政府在人力、物力、财力上的投入密不可分。要有效地发挥其主导作用，国家政府必须认真履行在保护工作中应尽的职责，其最主要的职责是：

（1）建立健全保护工作领导机制，及时颁布有关非物质文化遗产保护与传承的政策、法规、战略规划和指导性意见。国家政府的主要职能是决策、指挥、组织、管理、协调、监督、统筹等。国家政府通过调动各种行政资源，采取法律、技术、行政、财政等措施，支持和保障非物质文化遗产的保护、传承与传播。非物质文化遗产保护工作属于文化行政主管范畴，由国家文化行政主管部门和各级政府相关机构实施决策和领导。2005 年 3 月，国务院办公厅颁布的《关于加强我国非物质文化遗产保护工作的意见》中明确指出："要发挥政府的主导作用，建立协调有效的保护工作领导机制。由文化部牵头，建立中国非物质文化遗产保护工作部际联席会议制度，统一协调非物质文化遗产保护工作。文化行政部门与各相关部门要积极配合，形成合力。同时，广泛吸纳有关学术研究机构、大专院校、企事业单位、社会团体等各方面力量共同开展非物质文化遗产保护工作。"这就明确了我国非物质文化遗产保护工作的各级保护主体以及各自的职责。中国非物质文化遗产保护的主管机构为文化部。2006 年 7 月，成立了国家非物质文化遗产保护工作专家委员会。2008 年文化部设立了非物质文化遗产司，确立了文化行政部门作为非物质文化遗产工作主管部门的地位。文化部作为保护工作的牵头者，其职责是：在与相关部委的统一协调中，依据我国国情，制订中国非物质文化遗产保护的总体战略、规划和计划，并依据《中华人民共和国非物质文化遗产法》，及时颁布与之配套的重大政策、法规；指导、监督、协调各有关部门和单位，有效地贯彻执行国家非物质文化遗产保护的工作方针、原则和各项战略部署，逐步实现保护工作的总目标；为重大项目的实施开展组织、协调等工作；承办国家级非物质文化遗产代表项目的申报与评审工作；组织实施优秀民族文化的传承普及工作等。各级政府要按照国家的部署要求，建立相应的领导机构，通过建立非物质文化遗产保护工作联席会议制度等形式，统筹协调保护工作中的重要事项。健全省、市、县三级责任明确、运转协调的保护工作机制，分级负责，层层落实，政府通过指导、监督、协调和奖惩等方式，促使非物质文化遗产保护工作落到实处。

这里需要强调的是，国家立法机构对非物质文化遗产的立法保护，是一切保护的基础和前提。因为，依法保护是根本性的保护，国家要把依法保护放在重要位置。

（2）建立权威、全面、科学的非物质文化遗产保护决策机构，保证决策的合理与合法。国家政府是非物质文化遗产保护工作的最高决策者和领导者，决定着一个国家保护工作的大局和根本面貌。成功的决策来源于好的决策机构，好的决策机构应该是：人员组成合理，权责分明，运行机制科学协调，决策程序规范，决策行为公正。各国为了做好非物质文化遗产的保护工作，都应建立一个由相关管理部门及有关专家组成的非物质文化遗产决策机构。为了保证决策的准确与合法，国家应该根据非物质文化遗产的不同类型和级别，制定关于遗产决策项目评审专家的资格以及组成规定，把那些造诣精深的专家学者与年富力强的学术带头人吸收进来，依靠他们的智慧和专长，帮助政府作出科学的决策。为了保证非物质文化遗产保护和利用项目决策的科学性、专业性、合理性及公正性，国家应该建立和完善决策的程序规范，对每个决策程序提出明确的管理要求。同时，还应明确规定非物质文化遗产决策的方式，重视公民的参与，将民意调查与专家论证结合起来。对非物质文化遗产的保护、开发、利用，从规划到实施，必须充分听取专家学者的意见并置于社会、公众强有力的监督之下。

（3）实施对保护工作的领导，充分发挥政府的主导作用。国务院文化行政部门负责组织、协调和监督全国范围内国家级非物质文化遗产的保护工作。主要包括：①组织全国非物质文化遗产调查，对非物质文化遗产予以认定、记录、建档及建立相关数据库。②通过制定评审标准，组织推荐、评审及科学认定国家级代表性项目，建立非物质文化遗产名录体系。组织制定保护规划，对国家级非物质文化遗产代表性项目予以保护。③组织评审、认定国家级代表性传承人，建立传承机制。对已认定的代表性传承人，提供传承场所、经费资助，支持其开展授徒、传艺、交流、传播等活动。④对非物质文化遗产代表性项目集中、特色鲜明、形式和内涵保持完整的特定区域，建立文化生态保护实验区，实施活态整体性保护。⑤鼓励和支持发挥非物质文化遗产资源的特殊优势，在有效保护的基础上，合理利用非物质文化遗产代表性项目，开发具有地方、民族特色和市场潜力的文化产品和文化服务，实施生产性保护。

（4）培育大众的文化自觉，使非物质文化遗产的保护深入人心。非物质文化遗产的保护，作为一种记录、收集和延续、发展活态文化的活动，最为依赖的条件就是一定文化圈内民众的文化自觉，即从意识上对自己文化价值的肯定和自我珍视。有了这种文化自觉，非物质文化遗产的传承与保护就会成为民众的自觉行动。因此，政府在非物质文化遗产保护中的主要责任是培育民众的文化自觉，使非物质文化遗产的保护深入人心。这种培育是靠政策方面的引导，靠有效的宣传和教育，而不是靠简单的行政命令去干预。为了增强民众的民族意识，实现文化自觉，政府要运用教育手段，广泛传播优秀的中华传统文化，普及优秀的中国民间文艺，全面提高国民的素质，并实现中国非物质文化遗产的全方位教育传承；要运用舆论手段，加大宣传力度，借助各种大众传媒，宣传非物质文化遗产保护的重要意义、方针原则及相关的政策法规，表彰先进、正面引导，营造保护非物质文化遗产的良好氛围。认真举办"文化遗产日"系列活动，提高人民群众对非物质文化遗产保护重要性的认识，增强全社会的非物质文化遗产保护的意识。

3. 非物质文化遗产保护机构

要实现国家政府关于非物质文化遗产的保护规划和保护方略，还离不开各种非物质文化遗产保护机构的作用，它们是保护工作的实施者、实践者。非物质文化遗产保护机构除了前面提到的文化行政主管部门外，还包括：专职的非物质文化遗产保护机构，文化艺术研究院、所，民间团体，公共文化机构，传统艺术表演团体等。

（1）中国非物质文化遗产保护中心。我国非物质文化遗产保护的主要工作机构是2006年在中国艺术研究院成立的"中国非物质文化遗产保护中心"，它是经中央机构编制委员会办公室批准（中央编办复字〔2006〕03号）正式成立的国家级非物质文化遗产保护专业机构，承担全国非物质文化遗产保护的有关具体工作，履行非物质文化遗产保护工作的政策咨询；组织全国范围普查工作的开展；指导保护计划的实施；进行非物质文化遗产保护的理论研究；举办学术、展览（演）及公益活动，交流、推介、宣传保护工作的成果和经验；组织实施研究成果的发表和人才培训等工作职能。地方非物质文化遗产保护工作则由各地文化主管部门负责。目前，各省市区建立了各级工作机构，建立了31个省级非物质文化遗产保护中心。在多个省文化厅（局）设立了非物质文化遗产处，这说明我国的非物质文化遗产保护初步形成了有效的管理机制。

（2）文化艺术研究院、所。这些单位拥有丰富的知识和智力资源，学术力量强，有的还有一大批精通业务的专业人员，他们既有研究的积累和理论视野，又有很强的专业性和实践性。在这类院、馆中，设有专门研究非物质文化遗产或民间文化艺术的机构，为非物质文化遗产的抢救与保护提供智力支持。如我国国家级的综合艺术研究机构中国艺术研究院，该院以其丰富珍贵的民族音乐文献、音像资料的收集和保存，被联合国教科文组织列入"世界记忆"名录。2003年2月成立了"中国民族民间文化保护工程国家中心"，2005年12月更名为"中国非物质文化遗产研究保护国家中心"，是专门从事非物质文化遗产研究和保护工作的国家级机构。中国社会科学院民族文学研究所是专门从事民族民间文学研究的科研机构。这些单位通常设有资料管理机构和管理人员，承担着大量的资料的挖掘、收集和整理工作，许多宝贵的基础资料保存在国家和各地的艺术研究院、所等机构中。现在，各地也已建立起了非物质文化遗产保护的研究机构，如一些省、自治区、直辖市设立了非物质文化遗产保护工作专家委员会或专家组，不少大学也建立起了非物质文化遗产研究中心，这对加强我国非物质文化遗产保护工作都是必要的。特别是省、自治区、直辖市非物质文化遗产研究机构的建立，是长远做好这项工作的重要基础。

（3）民间团体。在非物质文化遗产的抢救与保护工作中，国家和地方的民间团体发挥了重要的作用，创造了成效显著的工作业绩。中国民俗学会和各地的民俗学会，持之以恒地进行着民俗调查研究、田野考察，搜集、采录、整理了大量的民俗资料，出版了一批又一批的调查报告和研究著作，丰富了我国民俗文化研究的宝库。中国民间文艺研究会成功地组织、编纂、出版了中国民间文学三套"集成"。2003年，中国民间文艺家协会启动、实施的"中国民间文化遗产抢救工程"，产生了重要的社会影响。各地如雨后春笋般涌现出来的民间团体，像泉州市南音研究社、苏州评弹研究会、昆山昆曲研究会、陕北民歌研究会等，更是积极活跃地做了许多具体项目的保护工作。譬如，天津中华民族文化促进会与有关部门合作，1994年起开始了一项称为京剧"音配像"的工作，即对一批老艺术家在他们艺术巅峰时期演唱的唱片、录音带等声音资料进行修补、翻制等处理，配上一些正值盛年的演员的表演，制成录像资料，形成一些珠联璧合的精品。这项工作历时21年，终于完成了一整套《中国京剧音配像精粹》，抢救留存下来115位著名艺术家的460出京剧，成为我国非物质文化遗产保护的一个范本。可以预见，在今后的非物质文化遗产保护工作中，民间团体依然是保护主体中最富活力的生力军之一。

（4）公共文化机构。国务院办公厅在《关于加强我国非物质文化遗产保护工作的意见》中指出："充分发挥各级图书馆、文化馆、博物馆、科技馆等公共文化机构的作用，有条件的地方可设立专题博物馆或展示中心。"明确要求"各级图书馆、文化馆、博物馆、科技馆等公共文化机构要积极开展对非物质文化遗产的传播和展示"。

图书馆、艺术档案馆在图文资料和音像资料的收集、整理、保存、利用上作用显著。各类图书馆可以利用其自身优势，开展与非物质文化遗产有关的文献图书展借活动；利用馆内的展室、展厅，开办非物质文化遗产资料图片展、代表性传承人技艺展；举办有关非物质文化遗产的学术讲座、报告等；组织专门力量，收集口述历史资料，对馆藏中有关非物质文化遗产的资料进行系统性的研究和再加工，形成可以有效利用的资源，为非物质文化遗产的保护和传承服务。

文化馆、群众艺术馆是政府设立的公益性文化事业机构，具有普及科学文化知识、开展社会教育、满足广大民众文化需求的功能，也担负着搜集、整理、保护、传承非物质文化遗产的工作。目前，我国不少地区的非物质文化遗产保护工作机构设在文化馆或群众艺术馆中。这两馆的主要职能是：充分发挥自身的人才和资源优势，利用所形成的文化网络，对乡镇或地区内开展非物质文化遗产普查和相关资料的搜集、整理和研究；开展丰富多样的非物质文化遗产项目的宣传展示、保护传承、辅导培训等活动；指导群众业余文艺团队的建设和民间文艺创作，组织民间传统艺术的展演；开展对外民间文化交流等。

博物馆是历史记忆的储藏库，也是传统技艺保存和传习的场所。传统博物馆主要通过实物的征集收藏、陈列展示、专业研究等方式，保存、宣传、传播历史文化，实现对民众的爱国主义教育、历史传统教育、乡土文化教育。而各地的民俗博物馆、非物质文化遗产博物馆、传习所等，更是直接担负着保护与传承非物质文化遗产的职能。在我国西南地区少数民族传统文化资源保护过程中，就成功地采用了博物馆方式的保护。这里先后出现了几种博物馆形式，即非专题博物馆、村寨博物馆、生态博物馆等。以收藏少数民族文物为主的非专题博物馆，原汁原味地保存着无比丰富的民族传统工艺品及传统工艺文化。如西南民族大学博物馆、凉山彝族奴隶制博物馆、四川大学博物馆等，四川省博物馆收藏的漆器，已包括了凉山彝族传统漆器的主要种类、器形和纹饰图案，从一个方面对彝族传统漆艺文化进行了有效的保护。生态博物馆强调文化遗产原状地、动态地、整体地保护和保存在其所属的环境中，并使其得到传播和延续。自从我国第一座生态博物馆——贵州六枝梭嘎生态博物馆，1998 年正式开馆后，在西南地区已建成了多座类似的生态博物馆，在对非物质文化遗产进行整体性保护上积累了一些成功的经验，这些经验值得重视和推广。

科技馆主要是通过科学性、知识性、趣味性相结合的展览，反映科学原理及技术应用，向民众普及科学知识，培养广大民众的科学思想和科学精神。非物质文化遗产中包含着大量的科学因素和科技性内容，有些项目具有极高的科学价值。科技馆应注重挖掘、研究和弘扬非物质文化遗产中蕴含的科学元素，可以在规划陈列布局时，重点展示非物质文化遗产中的科技内容和形式，提高广大民众对非物质文化遗产的科学认知水平。

正是这些公共文化机构的作用，加大了对非物质文化遗产保护与传承的力度。

（5）传统艺术表演团体。传统艺术表演团体是戏曲、曲艺、杂技等传统表演艺术形式的传承及其传承人保护的主要机构，它肩负着传承与保护非物质文化遗产的双重责任。传统表演艺术是通过艺术家口传心授传递给下一代人的，艺术家和艺术表演团体是各类表演艺术的载体，无论哪个门类的传统表演艺术，倘若无人会表演，也就名存实亡了。然而，要解决传统表演艺术的演出问题、人才的培养和接续问题、传统剧目的发展与创新问题以及培育欣赏传统表演艺术的观众等，都要靠每一个传统艺术表演团体的努力和综合实力。目前我国有专业艺术表演团体 2600 个，其中大部分是传统戏曲等传统表演艺术的表演团体。除此之外，还有大量的活跃在民间的民营传统表演艺术团体。要通过分类扶持政策让这些团体具有蓬勃的发展生机，能够长期活跃在基层社区和村镇，就需要国家和各级政府对其中的大部分团体给予大力扶持，要从非物质文化遗产保护的角度给予政策、资金上的支持，并要设法为他们创造更好的发展机遇和环境。传统艺术表演团体的生存境况改变了，它们拥有的艺术、技艺才能得以传承和发展。

（6）社区与民众。各种非物质文化形态是在基层社区和民众日常生活中演绎和发展的，同时，它们也是社区民众文化艺术生活的重要组成部分。因此，联合国教科文组织《保护非物质文化遗产公约》指出，应该承认各社区，尤其是原住居民、各群体，有时是个人，在非物质文化遗产的生产、保护、延续和再创造方面发挥着重要作用，从而为丰富文化多样性和人类的创造性作出贡献。这就要求国家在开展保护非物质文化遗产活动时，应努力确保创造、延续和传承这种遗产的社区、群体，有时是个人的最大限度的参与，并吸收他们积极地参与有关的管理。为了体现国际公约的这一精神，就要在非物质文化遗产保护工作中重视和发挥社区与民众这类保护主体的作用。

在对非物质文化遗产抢救与保护的实践中，重视发挥基层社区的作用，是国际学术界的基本共识之一。基层社区或村镇是各民族和各地方社会生活方式的主要基础，是各种民间文化艺术得以产生、传承和发展的土壤，离开了这一生长的土壤，民间文化艺术之树就不能枝繁叶茂、开花结果。所以，把保护工作落实到基层社区或村镇是行之有效之举。在保护文化遗产的实践中，重视和发挥基层社区或村镇的作用，有诸多的好处。首先，由于社区文化生态和社区人文背景的支撑，不仅有可能使"遗产"持久地"活"在民众的生活之中，而且在新的条件下，它还可能获得"再生产"的机会，亦即成为社区文化创造力的源泉。其次，不用花太多的钱，只要其意义被社区居民理解或认同，马上就可以做起来。第三，实施基层社区的遗产项目保护，还可促进社区乡土教育的发展，并有利于探讨使民间智慧在社区内获得世代传承的新路径。在发挥基层社区的作用时，应充分重视和尽量保持其原有的传承机制。

广大民众生活在特定环境下的民风习俗中，是丰富多彩的民间文化的创造者、所有者、享用者和传承发展者，他们与非物质文化遗产的关系是血肉相连无法分割的。他们是实现民族传统文化传承与发展的主体，没有他们的积极参与，无论多么美妙的蓝图，都只能是各级政府和官员们的一厢情愿。因此，可以说广大民众的态度，从根本上决定着非物质文化遗产被传承或被废弃的命运。在非物质文化遗产抢救与保护的过程中，必须充分调动广大民众的积极性。首先，要提高民众的文化自觉，消除错误的思想观念，使他们能正确认识和对待本民族祖先创造的优秀文化遗产，并唤起他们的参与热情，提高其参与度，使广大民众自觉地加入保护和弘扬非物质文化遗产的行列中，并成为保护工作中的真正主体。其次，在调动广大民众积极性时，除了教育宣传之外，还要坚持"以人为本"的原则，注意尊重不同地域民族与人群的生活方式、宗教信仰和风俗习惯，要采取平等交流、文明对话的方式，不能强加于人。同时，还必须从广大民众的实际利益出发，要尊重相关民众的现实需求，保护遗产不能以妨碍经济发展、降低人的生活质量为代价。要注重保障和实现人民群众的基本文化权利，让人民群众得到实惠，让他们在保护和弘扬非物质文化遗产的过程中，成为真正的受益者。要深入发掘非物质文化遗产的多重价值，充分发挥非物质文化遗产在文化传承和文化创新、陶冶人们的情操、提高民族文化素质等方面的积极作用。

以上分别论述了各类保护主体的作用，其实在具体工作实践中，要做好一项非物质文化遗产的保护与传承，是传承主体和各类保护主体综合作用的结果，哪一方的作用都是不可或缺的。如对我国昆曲艺术的保护，除了需要国际和国家层面的保护外，剧团的成功运作、演员们对昆曲艺术的理解和表演、优秀演员的带徒传艺以及热爱昆曲的社会公众的参与等，都是不可缺少的因素。所以，在非物质文化遗产的保护与传承工作中，必须重视和发挥保护主体各方的综合作用。

非物质文化遗产的传承主体与保护主体是紧密相连、相辅相成的。非物质文化遗产的传承主体也是积极的保护主体，成功的传承就是有效的保护。许多种类的非物质文化遗产，正是依靠传承人的有效传承才能得以延续。反之，非物质文化遗产的保护主体，也是传承与传播的主体，各级各类保护组织和机构不仅通过宣传、教育扩大非物质文化遗产的影响，直接促进传承，而且为非物质文化遗产的传承提供有力的保证。所以，在非物质文化遗产的保护与传承工作中，我们应辩证地去看待传承主体与保护主体的关系，充分重视和全面发挥这两种主体的作用。

# 第三节　非物质文化遗产保护措施及方法

在抢救与保护非物质文化遗产的实践中，坚持正确的保护理念和保护原则只是做好保护工作必不可少的前提，要使保护工作落到实处且卓有成效，还必须通过政府主导和社会参与的模式，采取合理有效的保护方法与措施。非物质文化遗产保护工作不仅是单个群体和个人权益的实现，更是政府行使公共文化服务职能的重要体现，是社会公益文化事业的重要组成部分。所以，非物质文化遗产的保护是一项涉及面非常广的系统工程。要搞好这项工程，不仅要发挥国际组织、国家政府、保护机构、社区民众等不同保护主体的作用，还要有科学合理的保护方法与措施。根据前人积累的文化遗产保护经验和我国非物质文化遗产保护工作的实际，总体而言，我国非物质文化遗产的抢救与保护主要应采取以下措施及方法。

## 一、立法保护，是非物质文化遗产保护的根本保证

非物质文化遗产是不可再生的珍贵的文化资源，必须致力于对它们的保护。在人们的文化保护意识还没有充分树立起来之前，立法显得格外重要。况且，保护非物质文化遗产不是短期行为，而是一项长期而艰巨的系统工程，需要一代一代做下去。要实施好这项工程，仅有应急性措施是远远不够的，必须有坚实的法律和政策的规约和保障。可以说对非物质文化遗产的法律保护，是进行抢救与保护非物质文化遗产工作的前提和基础。我国对非物质文化遗产保护的立法首先是从地方开始的。20 世纪 90 年代，宁夏、江苏先后制定了保护民间美术和民间艺术的地方性法规或政府规章。1997 年国务院还颁布了传统工艺美术的保护条例。自 2000 年至今，云南、贵州、福建、广西、江苏、浙江、甘肃、新疆等省区先后颁布了省级民族民间传统文化保护条例或非物质文化遗产保护条例，这些对传统文化保护的立法所作的有益探索，都为国家的非物质文化遗产立法提供了一定的经验和基础。

2004 年 8 月，我国正式加入了联合国教科文组织的《保护非物质文化遗产公约》（以下称《公约》），《公约》要求缔约国采取法律措施，确保非物质文化遗产得到保护和展示。为履行《公约》规定的义务，文化部在总结实践经验、广泛调查研究的基础上，起草了《中华人民共和国非物质文化遗产法（草案）》，于 2006 年 9 月报请国务院审议。国务院法制办多次征求有关专家的意见、召开论证会、组织立法调研。经过了反复研究和修改后，国务院常务会议讨论通过并提请全国人大常务会审议。经全国人大常委会会议三次审议修改，2011 年 2 月 25 日，十一届全国人大常委会第十九次会议审议通过了《中华人民共和国非物质文化遗产法》，同年 6 月 1 日正式实施。这是我国文化建设史上一部具有里程碑意义的重要法律，它标志着中国非物质文化遗产保护事业全面进入了有法可依的历史时期。

这部法律明确了继承和弘扬中华民族优秀传统文化的目标，提出了指导非物质文化遗产保护工作的两大基本原则：一是保护非物质文化遗产，应当注重其真实性、整体性和传承性。二是保护非物质文化遗产应当有利于增强中华民族的文化认同，有利于维护国家统一和民族团结，有利于促进社会和谐和可持续发展。这两大原则是我国非物质文化遗产保护经验的凝练和总结，是今后保护工作应当遵循的重要指针。此法还规定了非物质文化遗产保护的三项重要制度，分别是调查制度、代表性项目名录制度、传承与传播制度。另外，国家鼓励和支持合理利用非物质文化遗产代表性项目开发具有地方、民族特色和市场潜力的文化产品和文化服务。这些重要的内容精神，不仅对我国今后的非物质文化遗产保护工作提出了更高的要求，而且有利于建立健全科学有效的非物质文化遗产保护体系，为非物质文化遗产保护政策的长期实施和有效运行提供了坚实的保障。

我国的非物质文化遗产种类繁多，性质各异，一部法律不可能涉及每个问题，需要有与之相匹配的法规条例细则。目前，文化部正在研究起草相应的法规和细则，将会使这部法律的精神进一步落到实处。各级人大也要相应出台非物质文化遗产保护条例等地方性法规。各省、自治区、直辖市应尽快将非物质文化遗产的法律保护纳入立法、司法日程。只有健全了相关的法律、法规，使保护工作有法可依、有章可循，我国的非物质文化遗产抢救与保护工作才能由探索到有序，并走向层层深入的发展阶段。

## 二、科学的管理机制，是非物质文化遗产保护的重要基础

我国的非物质文化遗产种类繁多、覆盖广阔，保护工作涉及政府的许多行政管理部门，如文化部门、文物部门、民族事务部门、宗教部门、建设部门、旅游部门、公安部门、工商部门等。职责不明的多部门管理，容易造成管理的交叉重叠，致使管理成本加大、效率低下，也容易造成各管理部门相互推诿责任，各项工作难以落到实处。这种分工

不定、多头管理的状况，主要是因为缺少一部非物质文化遗产法的规约。《中华人民共和国非物质文化遗产法》实施后便解决了这一问题，这部法律第七条规定："国务院文化主管部门负责全国非物质文化遗产的保护、保存工作。县级以上地方人民政府文化主管部门负责本行政区域内非物质文化遗产的保护、保存工作。县级以上人民政府其他有关部门在各自职责范围内，负责有关非物质文化遗产的保护、保存工作。"这里各部门职责分工规定得十分明确，不仅从法律上确立文化部门作为保护非物质文化遗产的主管部门的地位，而且由于有了法律的授权，主管部门就可以更好更有效地协同其他有关部门共同履行好管理职责。

在这部法律中，对县级以上人民政府将要行使的职责也作出了明确的约定："县级以上人民政府应当将非物质文化遗产保护、保存工作纳入本级国民经济和社会发展规划，并将保护、保存经费列入本级财政预算。"法律中还对县级以上人民政府和文化主管部门在非物质文化遗产调查、代表性项目名录的申报与保护、非物质文化遗产的传承与传播、代表性项目的开发与利用等方面应该履行的职责也给予了具体的规定。这部法律将各级政府部门保护非物质文化遗产的职责上升为法律责任，有利于形成和完善长效工作机制，使我国的非物质文化遗产保护工作更加科学规范，更加符合保护工作实际和长远发展。各级文化行政部门在明确了保护非物质文化遗产的主要职责后，在建立健全相应的保护工作组织和保存机构后，应依照大法的精神，结合本地区的保护工作现状，建章立制，使本地区的保护工作纳入法制化轨道。

我国的非物质文化遗产分布在全国各省、市、自治区，要使保护工作落到实处，各地就要健全职责明确、高效长久的工作机构和比较稳定的专业队伍，进而形成良好的工作运行机制，确保非物质文化遗产保护方针、工作原则、政策法规得以贯彻执行。各省市区应建立非物质文化遗产保护委员会及非物质文化遗产保护中心，县一级应设置非物质文化遗产办公室，分别负责领导、规划、落实本地区非物质文化遗产保护工作，进而全面落实国家、省、市、县四级非物质文化遗产的保护计划。

各级政府部门及领导干部在充分认识到抢救与保护非物质文化遗产的必要性和重要性的同时，要对非物质文化资源的价值有清醒的认识，要有深远的战略眼光，在经济活动与文化开发中，要树立"以保护促开发，以开发促保护"的理念，不能用牺牲民族文化资源的做法来换取短期的经济利益，更不能竭泽而渔对文化资源进行无度的开发。要加强领导，制定切实可行的新政策，加大管理的力度；还要缜密规划、精心组织、精心实施，才能有步骤地进行这项宏大的文化工程。

## 三、加强宣传教育，是提高全民保护意识的有效措施

人民群众是非物质文化遗产的创造者、所有者、传承者，也是非物质文化遗产的保护者。非物质文化遗产保护必须紧紧依靠人民群众，保护成果必须惠及广大民众，这是实现非物质文化遗产价值的现实需要，也是保护、发展非物质文化遗产的根本目的。保护非物质文化遗产的工作，倘若没有人民群众的参与，无论多么美好的蓝图，都只能是政府和官员们的一厢情愿。所以，抢救与保护非物质文化遗产就不只是某些部门、某些人的事，而是一个全社会共同参与且常抓不懈的大事，这件大事应当成为全民的共识、全民的自觉行动。我们应通过新闻媒体，加强舆论宣传，调动广大群众的积极性，使人人都懂得保护非物质文化遗产的重要性，明了为什么要保护，以及怎样保护，让"保护"进入人们的日常生活，在全社会形成爱护、保护非物质文化遗产的风气，使每一位公民都能为中华民族拥有如此丰富多彩的文化遗产而自豪，从而自觉地珍惜它。2005 年 12 月 22 日，国务院颁发的《关于加强文化遗产保护的通知》中已经作出决定：从 2006 年起，每年 6 月的第二个星期六为我国的"文化遗产日"。"文化遗产日"的设立，已经在强化全民的保护意识、有力地推进我国文化遗产的保护工作方面产生了重大作用。2006 年以来，文化部及各地文化部门利用"文化遗产日"和春节、端午节、中秋节、清明节等中华民族传统节日，大力开展非物质文化遗产展览、展演、论坛、讲座等宣传教育活动，营造文化遗产保护的良好社会氛围。

要在广大青少年中加强传统民间文化的教育，以培养、灌输学生的传统民族文化和乡土文化观念与知识。教育部和中宣部已启动了一个保护中国优秀传统文化的项目，把每年 9 月份定为"传承月"，目的就是在中小学中开展非物质文化遗产的教育普及工作，使青少年从小认识到民间文化艺术保护的重要性、必要性和迫切性。还确定每年 3 月 20 日为"中国儿歌日"。中国教育报社与北京太阳石文化艺术中心已在《中国教育报》上开辟了"话说跨世纪的孩子——歌谣传说与童年"专刊。时下，北京一些小学正在流行一些昂扬向上的新童谣，这些新童谣许多都是以北京民俗、传统礼仪为内容，融进当代的新思想、新精神的歌谣。在唱响新童谣的活动中，有的学校又把简洁明快、朗朗上口的童谣编排成皮筋舞，儿童们在活泼欢快的唱跳之中受到了中国传统文化的熏陶，同时也使存活在民间的民谣、儿歌等活态文化得到了很好的继承和弘扬。近年来，各地文化部门积极与教育部门配合，将民歌、民乐纳入中小学音乐课，将剪纸、年画纳入美术课，将传统技艺纳入手工课，积极推进非物质文化遗产进校园、进课堂、进教材，使非物质文化遗产成为对青少年进行传统文化教育和爱国主义教育的重要载体。

当传统的传承方式在市场经济条件下遭遇到价值取向的冲击时，学校教育就成了传承

和弘扬民族民间文化艺术最为有效的方式。如今，如何把非物质文化遗产教育引入高校教学体系中，也引起了许多高校的关注与重视。2002 年 10 月 22 日至 23 日，由联合国教科文组织亚太地区机构和教育部主办、中央美术学院非物质文化遗产研究中心承办的"中国高等院校首届非物质文化遗产教育教学研讨会"在京举行。在这次会议中，与会代表着重探讨了非物质文化遗产与当代高等艺术教育的话题，着力解决的问题就是怎样把文化遗产教育引入高校教学体系中、合理设置相关课程等。这些有益的探讨，促进了非物质文化资源引入高等教育教学体系，预示着与文化遗产相关的新学科将会相继诞生，预示着多元文化在大学教育中的实现。

目前，许多高校成立了与非物质文化遗产相关的教学和研究机构，从本科教学到硕士、博士阶段都设有相关的课程和专业方向，并进行了一些积极的探索和实践。如徐州工程学院与地方文化系统签订共建协议，形成校地互动、资源共享的合作模式，开展以地方文化为特色的系列课程建设，采取 1+1 互动模式，即安排一个专业教师与一位民间艺人共同开设一门课，让学生充分领会原汁原味的民俗文化。武汉纺织大学开设汉绣课程，聘请汉绣大师为客座教授。该校在武昌昙华林"杨小婷汉绣研究所"建立社会实践基地，为大批热爱汉绣的学子提供学习实践的机会。同时配合教学组成研究团队，深入鄂西和湘西地区考察和研究汉绣和土家织锦，并已形成丰富的研究成果，为汉绣和土家织锦的进一步保护开发提供了理论支撑。

## 四、重视专家指导和人才队伍建设，是加强非物质文化遗产保护工作的一个关键问题

要成功地进行非物质文化遗产的抢救与保护，离不开精通专业理论且有实践经验的专家们的指导，他们能从理论上对这项文化工程进行全面论析，形成一套具有指导性、可操作性的较完整的理论学说，为非物质文化遗产的抢救与保护工作提供理论依据和政策咨询，帮助国家有关部门制定出一系列政策法规和务求实效的工作方案。如甘肃省委、省政府非常重视非物质文化遗产保护工作，不仅成立了甘肃省民族民间文化保护工程部门联席会议制度，明确了各部门的职责，形成了相关部门齐抓共管的工作格局；而且还邀请省内各大专院校知名学者、专家，建立了甘肃省民族民间文化保护工程专家委员会，为非物质文化遗产的保护提供专业咨询和理论指导。为了使保护工作科学规范，确保保护工程健康有序开展，狠抓了保护工作队伍的建设，先后举办了保护工作骨干培训班，邀请从事非物质文化遗产保护工作的著名专家、教授讲学，培训了大批非物质文化遗产保护工作骨干，形成了省、市、县三级非物质文化保护工作队伍。

发掘参加保护工程的人力资源，通过开展传承和培训活动，加强保护从业人员队伍（专业人员队伍、管理人员队伍）的建设，才能保证这项文化工程有效而可持续地向前推进。在注重保护从业人员的教育培训方面，我国有些地区已经走在了前面。例如，内蒙古自治区蒙古族长调民歌大师哈扎布，长调女歌唱家宝音德力格尔，退休后回到草原故乡，举办长调歌手培训班，培养出一批掌握了两位大师艺术风格的优秀弟子，为蒙古族长调民歌的传承提供了有力的保证。浙江绍兴市群众艺术馆为了对绍兴平湖调进行抢救性保护，先后举办了绍兴平湖调的少儿班、成人班，定期进行培训；新昌县为了抢救保护新昌调腔这一"戏曲活化石"，组织了调腔培训班，并在此基础上组建起了新昌调腔剧团，收到了很好的效果。他们的做法和经验值得学习和推广。

## 五、加大财政投入，广开财源，是非物质文化遗产保护的基本保障

长期以来，由于缺少足够的经济支持，许多重要的非物质文化遗产得不到及时的抢救和必要的保护而处于濒临消亡的境地。据一些地方报告，早年收集的档案材料有些已开始发黄霉变，录音、录像带也开始报废，有些单位原计划要抢救老一辈表演艺术家的表演艺术、演唱艺术、传统戏曲行当的脸谱艺术等，都因为没有经费而无法实施。此外，要建立非物质文化遗产传承馆，增设地方文化艺术档案馆，建设各级非物质文化遗产展示和传习基础设施，等等，也需要大量资金。目前，在一些经济落后的地区，地方政府优先考虑的是物质上的脱贫致富，拿不出更多的资金从事文化建设。然而，要等到经济翻身之后再进行文化建设，则为时已晚。那时，许多非物质文化遗产已经消失，民间文化艺术传承的基础已经崩塌，由此造成的损失是无法弥补的。在我们的实地考察、调研中，所到地区普遍反映非物质文化遗产保护经费投入不足，尤其是一些基层县、市，由于缺少专项保护经费，无法添置必备的电脑、照相机、摄像机、交通工具等，致使非物质文化遗产的保护工作难以进行，代表性传承人的扶持和资助无法落到实处。要全面实施抢救与保护非物质文化遗产的工程，就需要一定的资金投入、物质保证。所以，国家应设立抢救与保护非物质文化遗产专项基金，用于资助非物质文化遗产的普查、采录、保存、保护、教学、研究、传播、出版，以及资助培养传承人等。各级政府和有关部门应逐年加大对非物质文化遗产保护工作的经费投入，将保护经费列入年度财政预算，以保障工作的正常运作。资金的来源应该是多渠道的，要吸纳企业和社会的赞助。还可以考虑从某些经济效益好的非物质文化遗产传承企业利润中提取适当比例，用来作为非物质文化遗产保护与发展基金。

## 六、采取系统科学的有效方式，是非物质文化遗产保护的重要环节

非物质文化遗产的抢救与保护是一项浩大而复杂的文化工程，它不仅涉及文化多样

性、一个国家或群体的政治和文化权利，而且与我国当代文化建设、当代经济发展密切相关。因此对它的保护也应是多方面的、全方位的，既包括普查、整理、鉴定、保存和研究，又包括继承、传播、利用和发展。要做好这一系列工作，必须计划可行、措施周全、方法得当，才能循序渐进地进行这项工程。我们认为，抢救、保护与传承非物质文化遗产应重点做好以下工作。

## （一）开展普查，收集整理资料，建立完整的资料数据库

普查工作是抢救与保护非物质文化遗产的首要任务。普查中的一项重要工作是采集作品和记述民俗。全面而科学地采集好非物质文化遗产作品，忠实地记录下各种民俗文化事象，才能保存下流传至今的非物质文化遗产的真实面貌，从而为我们从民间文化角度研究民众的思想和世界观提供了可能，为党和政府制定、实施非物质文化遗产保护规划乃至文化发展国策提供可靠而科学的依据。所以，做好普查，摸清底数，才谈得上保护，抢救与保护也才更有针对性。普查是对现在还在流行的各类非物质文化遗产的形态和作品及优秀的非物质文化遗产传承人进行调查、登记、采录、建档工作，并按照全国统一编码进行登记并分级建档。凡具有历史、科学、艺术价值的非物质文化遗产均在普查和保护之列。普查要覆盖全国，深入到每一处偏远的山乡。普查中，要以马克思主义唯物史观为指导思想，客观、科学地看待和分析非物质文化遗产的发生、发展，以及在漫长的历史进程中出现的种种现象。要充分尊重民众的创造性，以全面性、代表性、真实性为普查的指导原则。所谓全面性，是指普查中要避免主观主义和教条主义，要进行兼顾城镇和乡村、兼顾不同人群的全面调查和采录。所谓代表性，即在全面掌握某地区的非物质文化遗产蕴藏情况的基础上，选择有代表性的民俗事象、有代表性的体裁形式、有代表性的作品等，加以认真、科学地采录。所谓真实性，是指普查时要忠实地采录讲述者讲述的原貌，按照民间文化作品和民俗表现形态，保持原状、不加修饰地将其记录和描述下来。只有符合这"三性原则"的普查和采录成果，才是真实而有价值的，才能经得起历史的检验。

要做好普查工作，还要掌握科学的方法。普查工作主要有三个步骤，即：普查准备阶段；实地考察阶段；总结评估阶段。在普查准备阶段要做好两项工作，一是制订出普查工作的具体实施方案（计划、大纲、登记表格等），明确普查任务，确定普查时间、目标、方法、步骤，落实人员配备。二是为普查工作人员组织学习培训，使他们明确普查工作的目的意义、目标方法，并根据普查任务和个人专长对普查工作人员作出合理的分工，做到各司其职、互相配合。实地考察阶段是普查的重要阶段，应因地制宜、因时制宜，根据不同情况可采用不同的调查方法，如重点走访、抽样调查、开小型调查会、观摩民间艺术家的表演、参与民间手工艺制作及民俗节庆活动等。调查采访者以笔录、摄影、录音、录像

等方式真实地记录下现场考察成果，同时还要注意搜寻民间传抄的唱本、长诗、鼓词、皮影脚本、宝卷（宣卷）、经书、图画册页等手抄本。采集到的口头文学、民间艺术品、民俗实物、摄影摄像、仪式的素描，除原件原物外，还要按照表格的要求进行登记。登记的项目，既要有文本实物的名称、内容简介、类别等，也应有讲述者、表演者、提供者的背景材料（姓名、性别、年龄、民族、身份、文化程度、简历、传承系脉、居住地等），还要有采访者（姓名、身份、工作单位、文化程度、联系地址等）及采录的时间地点。总结评估阶段重点要写好调查报告。调查报告应按照普查计划和调查提纲逐一叙述，要对各项内容及要求作出分析和统计，形成完整的书面材料。

普查之后，是对遗产的登记、分类、整理、出版，将普查的结果系统化、规范化、档案化，确定非物质文化遗产保护名录，对遗产设定不同的保护级别。除了图片和文字性的成果出版之外，还应建立以照片和磁带为主的"中国非物质文化遗产影像档案"和用计算机管理的"中国非物质文化遗产数据库"，以及民间传承人档案馆。中国艺术研究院建立的"中国非物质文化遗产数据库（中国非物质文化遗产数字博物馆）"，汇集了丰富的中国非物质文化遗产数字化资源。各省（市）、地、县要努力创造条件，更多更好地建立具有地方特色和民族特色的非物质文化遗产数据库。目前，各省市区都在进行普查的后续工作，把普查资料整理编辑成文本，并已出版了一批相关书籍，如陕西有：《陕北民歌大全》《陕北民俗舞蹈史话》《陕北民间舞蹈实录》《榆林小曲集》等；广西有：《广西非物质文化遗产精粹》《彩调艺术资料大全》《刘三姐传世山歌》《毛南族民歌》《仫佬族风情》《平果嘹歌》（五集）等。这些宝贵的成果，为我们深入开展非物质文化遗产保护和研究工作奠定了基础。

## （二）逐步建立起完善的国家级和省、市、县四级非物质文化遗产名录体系

建立四级非物质文化遗产名录体系是我国非物质文化遗产保护制度的重要内容。全国各省、自治区、直辖市都已建立了省级非物质文化遗产名录。目前，国家、省、市、县四级非物质文化遗产名录体系初步形成。这些经过层层甄选出来的且具有典型意义和杰出价值的优秀非物质文化遗产，成为全民关注的热点，各地随之掀起了前所未有的保护热潮。

建立国家级非物质文化遗产名录的首要目的是推动我国非物质文化遗产的抢救、保护与传承，并在此基础上，逐步完善我国非物质文化遗产保护名录体系，最终形成国家、省、市、县四级名录体系，实现非物质文化遗产的分级保护。国家级非物质文化遗产代表作名录由国务院批准公布；省、市、县级非物质文化遗产代表作名录由同级政府批准公布，并报上一级政府备案。今后我国向联合国教科文组织申报非物质文化遗产代表作的项目，将从国家级非物质文化遗产名录中产生。与此同时，政府应定期公布重要的、濒危的

非物质文化遗产名录。

　　由于各级政府对申报非物质文化遗产代表作的重视，各地相继掀起了前所未有的"申遗"热潮，各省市区都希望有更多的项目入选国家级名录。这种"申遗"的热情值得赞许。但是，我们应该认识到："申遗"只是保护文化遗产的形式和手段，它旨在提高人们对被申报的非物质文化遗产的认识和保护意识，从而使其得到最大限度的保护与传承，并获得传承延续所需要的最佳环境和条件，这就要求申报单位和保护主体要切实承担起保护的责任，落实各项保护计划和措施。所以，"申遗"的成功，并不等于"保护"的实现。对于已列入各级名录的非物质文化遗产代表作，要实现全方位的有效保护，还有许多艰苦细致的工作要做。2006 年 11 月，文化部以部长令的形式颁发了《国家级非物质文化遗产保护与管理暂行办法》。国家级代表作的保护单位应严格依据此文件的要求和精神，在实践中逐年逐项地落实"国家级非物质文化遗产代表作申报书"中填写的保护计划，保护工作必会出现喜人的局面和美好的前景。此外，由于各类非物质文化遗产代表项目的表现形式不同、创造方式有别，因此，对非物质文化遗产代表作的保护既要遵循普适性的保护原则与方法，又要注重因类制宜，实施科学的分类保护。有针对性地且措施得当地保护，才能达到预期的保护目的。

　　（三）做好项目的评估鉴定工作，认定和命名非物质文化遗产的代表性传承人

　　联合国教科文组织开展的建立"人类口头及非物质文化遗产代表作"的命名和《关于建立"人类活珍宝"制度的指导性意见》，对世界不少国家开展此项工作在理论和实践上给予了支持和保障，并有力地促进了非物质文化遗产的传承和弘扬。我国以此为借鉴，正在研究建立重要及濒危非物质文化遗产评估认定制度，即在普查的基础上，根据非物质文化遗产的历史、文化、艺术、科学等价值，确立其中重要的、濒危的非物质文化遗产进行重点保护。国家、省、市、县四级政府在认定重要非物质文化遗产项目的同时，重视认定和保护代表性传承人，建立传承机制。目前我国已建立起了适合我国国情的非物质文化遗产项目传承人保护制度，为他们创造适宜的生活、工作条件；对他们的传承进行档案登记、数字化存录，建立专门的图文影像数据库；组织专家对传承人的成就和传承工作进行学术性、专业性的分析和总结；对其优秀成果举办展演、展览和展示；同时安排他们通过授课、带徒等方式培养接班人，使其技艺得到完好的传承。

　　除此以外，有关社会团体和各个保护机构也应为传承人的保护作出努力。2005 年 5 月 24 日，中国艺术研究院聘任了 30 名来自全国各地的杰出民间艺人为"民间艺术创作研究员"，今后还将聘请更多的德艺双馨的民间艺术家为创作研究员。中国艺术研究院筹措经费，为这些民间艺术创作研究员举办展览、研讨会，并用录像和记录等方式将他们的技艺

整理、保护下来。这些举措都将有力地促进我国非物质文化遗产的抢救、保护和传承，建立起以人为核心、科学有效的传承机制。

## （四）基础设施的建设，促进了非物质文化遗产的保存与展示

非物质文化遗产基础设施承担着保存、传习、展示、研究非物质文化遗产的重要职能，是开展非物质文化遗产保护传承工作的重要场所，也是进行传统文化教育、民间艺术教育和中外民间文化交流的最佳场所之一。非物质文化遗产在长期的发展和传承过程中，留下了大量珍贵的实物和物质载体，只有设立相关传承（博物）馆、传习所，才能将稀少而又珍贵的非物质文化遗产实物分类进行收藏、展示、研究。如今，我国在非物质文化遗产比较丰富的省、市、县都已经兴建了具有多种功能的非物质文化遗产展示馆、专题馆和传习所等基础设施。雨后春笋般出现的众多专题博物馆就颇具特色，如山西省首批就已授牌建立了十家"非物质文化遗产专题博物馆"，即：山西省水塔老陈醋酿造技艺博物馆、美和居老陈醋酿制技艺博物馆、广灵剪纸博物馆、中医药传统制作技艺博物馆、农耕技艺博物馆、阳城生铁冶铸技艺博物馆、戏曲博物馆、浮山剪纸博物馆、万荣笑话博物馆、雕镌技艺博物馆。这些专题博物馆集中保存、展示当地的非物质文化遗产资源，为传承人开展传习活动和非物质文化遗产代表作的宣传、展演、教育活动，提供了稳定的场所和必要的设备、设施。传承（博物）馆式的收藏展示，不仅有效地抢救和保护了一大批濒危珍稀的物质文化遗产和非物质文化遗产，而且能通过展示和演示，使民众直接欣赏甚至触摸到大量的民间瑰宝，唤起民众强烈的自觉保护民族文化遗产的意识。

## （五）制定和落实相关政策，加强对非物质文化遗产的生产性保护

非物质文化遗产集文化优势与地缘优势于一身，重视其有效的开发利用，对于弘扬地方优秀的民族文化、发展地方经济至关重要。所以，对一些非物质文化遗产资源和项目科学地进行生产性保护，既可惠民、富民，又能增强保护工作自身的"造血功能"，增强非物质文化遗产的生命力和影响力，促使其走向全国、走向世界。

非物质文化遗产生产性保护是指在具有生产性质的实践过程中，以保持非物质文化遗产的真实性、整体性和传承性为核心，借助生产、流通、销售等手段，将非物质文化遗产及其资源转化为文化产品的保护方式。生产性保护旨在"以保护带动发展，以发展促进保护"，这符合一些非物质文化遗产项目自身传承发展的规律。在进行生产性保护实践中，重要的是应坚持可持续性的保护原则，正确处理好保护与开发、继承与创新的关系。在这方面已涌现出了一些较为成功的范例，如国家级非物质文化遗产蔡氏漆线雕技艺在进行生产性保护中已探索出了适合项目发展的有效路径。他们认为，传承、创新和市场是构成生

产性保护的三要素，缺一不可。若没有传承，就没有了根基；若没有创新，就没有源源不断的动力；若没有市场，生产性保护就会落空。为了保持项目的真实性和整体性，他们继承创新而不失却项目的核心元素和典型特征——线条的艺术和纯手工技艺。他们在发展中不追求怎样做大，而是追求做强、做精。正是基于这样的认识和理念，他们大胆地进行探索和尝试，已经获得了初步成功，使项目的保护与传承步入了良性循环发展的轨道。

对非物质文化遗产的开发利用及生产性保护，各级政府相关部门要给予高度重视和支持。政府要对非物质文化遗产生产性保护进行价值引导、政策引导和舆论引导，组织开展非物质文化遗产生产性保护知识和成果宣传，利用现有的优惠政策和出台新的优惠政策扶持非物质文化遗产生产性保护，为非物质文化遗产生产性保护营造环境、创设条件和提供服务。在政府相关政策的规约下，非物质文化遗产的开发与利用首先应遵循适度性原则，因为各民族的非物质文化遗产都是有限的，有的开发与利用的条件是成熟的，稍加市场运作就可以开发；有的还不太成熟，需要经过一段时间的培育成熟后，才可以利用。要不断强化保护意识，开发利用一定要有利于非物质文化遗产的保护。尤其是作为旅游资源来开发的非物质文化遗产，更应该在相关政策的指引下，把开发与保护融为一体，有效地防止对遗产的过度开发和损毁性利用。其次应坚持多样性原则，我国少数民族众多，遗产开发要有利于各民族间的理解和沟通，有利于促进各民族间的信赖和尊重，有利于各民族间的团结和社会稳定。

## （六）保护文化生态环境，建设文化生态保护区（村）

为了使民间原生态非物质文化遗产存活下来，我们就应该重视与其紧密相依的文化生态环境的保护。在一个局部的特殊环境中，采取相应措施，使原生态民间非物质文化遗产存活较长时间并扩散其影响，是完全可能的。一个民族有一个民族的文化，每个民族文化又有与众不同的特色。建立民族文化生态保护区（村），既可对非物质文化遗产的保护设立最安全的屏障，又能将民族文化遗产真实状态保存在其所属的环境之中，使之成为活的文化。

由于我国非物质文化遗产主要分布在广阔的农村，还有相当大的一部分在少数民族地区，因此，乡、村是我们非物质文化遗产保护的重点，特别是在少数民族地区。我们应当在各主体少数民族相对集中的地区建设民族非物质文化遗产项目生态保护圈，在保护圈民族聚居区中，对具有代表性、独特性而又濒临消亡和传承危机的民族非物质文化遗产项目建立保护性基地，如特色艺术乡、民歌村等，把它建设成类似"自然保护区"那样的非物质文化遗产项目保护区。

文化生态保护是文化遗产保护的重要内容。建立文化生态保护实验区标志着我国文化遗产保护工作进入一个活态、整体性保护的新阶段。文化生态保护实验区是以保护非物质文化遗产为核心、对历史积淀丰厚，存续状态良好，具有特殊价值和鲜明特色的特定文化形态进行整体性保护，以促进经济社会全面协调可持续发展而划定的特定区域。文化生态保护区建设是非物质文化遗产保护的一种创新机制。2007 年 6 月 9 日，文化部正式批准设立闽南文化生态保护实验区，这是我国第一个国家级文化生态保护区。实验区包括福建的泉州、漳州、厦门三地，这里是台湾同胞的重要祖籍地，也是闽南文化的发祥地和保存地。到 2020 年左右，基本形成较为完善的闽南文化生态保护区保护体系。目前，文化部已相继设立了十一个国家级文化生态保护实验区，这些实验区的建设工作正在积极而有序地展开。建立文化生态保护区是文化遗产保护工作新的尝试，要做好这项工作还需要在实践中积极探索、积累经验。文化部实施的试点先行、以点带面的做法，将会有效地推动全国各地文化生态保护区建设工作。

### （七）建立非物质文化遗产的知识产权制度

在经济全球化的新形势下，知识产权日益成为最重要的产权，知识产权的竞争成为迄今为止最高级别的竞争。保护知识产权就是保护民族的根本利益，就是保护知识产权所有者的人权，也是保护国家主权。目前，我国还没有完备的非物质文化遗产的知识产权制度，难以遏制非物质文化遗产的滥用或流失。为了保护国家和民族的利益，保护民族的精神权益和物质权益，我们应依据《中华人民共和国非物质文化遗产法》的精神，尽快建立、健全相应的知识产权制度和一些强制性保护措施。知识产权制度要明确非物质文化遗产项目的知识产权主体、客体及内容，确立非物质文化遗产项目的使用许可制度。强制性保护措施包括：对民间传统工艺、民间绝技的保密，对重要的非物质文化艺术资料出境的限制，对著作权转让的限制等，以防珍贵的非物质文化遗产资源被掠夺、流失海外。这是保护非物质文化遗产不容忽视的举措。

### （八）在非物质文化遗产保护中必须增强文化安全意识

中国的非物质文化遗产，是我们中华民族优秀的文明成果和宝贵的精神财富，任何一项都不能因他国的文化掠夺或我们工作的疏忽而流失或失传。为此，各级人民政府和有关部门要从对国家和历史负责的高度，从维护国家文化安全的高度，增强文化安全意识，加大保护力度，对各级非物质文化遗产代表作要加强管理。长期以来，我们的文化安全意识薄弱，民族文化资源流失现象严重。西方国家和日本对我国民族民间文化的掠夺触目惊心。据报载，日本某城市有一家专门收藏中国民间文化珍品的博物馆，规模之大，品种之多，令许多参观者大为惊叹。这不能不引起我们的高度重视。美国迪士尼公司制作的动画长片《花木兰》，以西方人的思维方式阐释中国文化，并取得了巨大的商业成功。如果我们对这种"《花木兰》现象"不能引起足够的警惕和特别的关注，那么，我们的子孙后代在将来看到的对中国传统文化阐释的读本，也许就是"美国版"的了。为了杜绝这种文化主导，我们应树立起符合中国文化国情，反映中华民族根本文化利益的"国家文化安全观"，必须采取有效的措施，守护好我们的精神家园。为了加强对名录的管理工作，文化部出台了《国家级非物质文化遗产保护与管理暂行办法》，各级政府有关部门应在贯彻执行中，构建起一道坚固的非物质文化遗产保护的安全屏障。此外，当互联网成为保护传统文化的重要阵地时，如何利用互联网对我国非物质文化遗产进行有效的保护，也是我们面临的重要课题，应引起各级文化部门和非物质文化遗产保护机构的高度重视。

## 七、加强国际间的交流与合作，是非物质文化遗产保护的必要途径

在国际上，一些发达国家和地区在保护非物质文化遗产和维护民族文化多样性方面已先行一步，并取得了一些可资借鉴的经验。"他山之石，可以攻玉"，从他国的政策、措施和经验中借鉴成功的做法，将会是有益的。法国政府为了促进民族文化的普及和创新，鼓励人民积极参加各种文化活动，1984年开始举行的"法国文化遗产日"活动，让所有的法国人和在法国的人都有机会免费参观法国的历史文化圣地。人们通过参观访问，对民族文化遗产产生了浓厚的兴趣，找到了他们昔日的荣耀，激起了对法兰西民族文化的自豪感。在发展和保护国内文化市场的同时，法国政府积极向外推广法国文化，变消极保护为积极保护，如在世界各地设立法国文化协会，在许多地区进行法国文化展，通过卫星电视向全球传送法语节目，为各国法语教学提供教师或为各国法语教师提供赴法进修的奖学金，组织各大学在一些国家举办教育沙龙等，通过各种方法传播法国文化。加拿大则针对居民中多民族的文化差异，从1971年开始制定了多元文化主义政策，并成立了有关机构，拨出专款用于该政策的落实。这项政策主要包括以下内容：帮助各文化集团保护不同文化，克服文化障碍，各民族全面参与加拿大社会，在国家利益下促进文化交流，发展传统文化和传统语言，进行官方语言训练，消除种族歧视，保障社会平等。这些政策举措，保护了多元文化的健康发展。在文化遗产保护的实践中，我们应该积极借鉴这些成功的经验。

加强国际间的交流与合作，也是保护工作不容忽视的重要一环。宝贵丰富的中华文化遗产，既是中国人民引以为自豪、倍加珍视的财富，也是全人类的共同财富，因而保护工作需要国际间的交流与合作。这种交流与合作主要包括：①理论和方法的交流。各国学者就抢救与保护非物质文化遗产问题经常进行学术交流和信息沟通是非常必要的，这样才能达成共识、携手并肩，进一步促进世界各国的抢救和保护工作。中国艺术研究院成功举办

了三次"人类口头和非物质遗产抢救与保护国际学术研讨会";中华人民共和国文化部、四川省人民政府成功主办了三届"中国成都国际非物质文化遗产节·非物质文化遗产国际论坛",这些均是成功的范例。在国际论坛上,各国学者充分阐述抢救与保护非物质文化遗产的重要意义,深入交流世界各国抢救与保护工作的做法和经验,研究建立抢救与保护的有效机制等,有力地推进了各国的抢救和保护工作。②资金与技术的合作。由国际社会共同认定的一些重要的遗产项目,应注入资金和技术,加大抢救与保护的力度。③国际间民间文化艺术的交流。要进一步拓展对外民间文化艺术交流的新领域、新渠道,改变仅仅以演出和展览为主的交流和传播方式,注意运用新闻、学术、教育等综合性手段和高科技手段,全面传播民族文化。要加强高层次、高品位的文化往来,加强对民间交流和商业运作的规范,使各国特有的宝贵文化遗产成为人类共享的财富。④以国际约法的形式,共同防止侵害。有些境外人员出于各种需要进行文化采风,他们大都是为了正常的学术研究。但不可否认的是,也有极少数人以采风的名义,以很少的投资窃取我国的民族民间文化遗产,甚至轻易就窃走了民间的某种技艺。为了杜绝这种文化侵害,一方面我们要采取各种有效的措施,扎紧自家的篱笆;另一方面也需要有国际共同遵循的知识产权保护方面的约法,需要国际社会的共同监督与制裁,方能更好地守护和提升中华民族的精神家园。

在非物质文化遗产抢救与保护的实践中,我国各地区的相关部门和机构都积极探索并总结出了一些宝贵的经验和行之有效的方法,为今后进一步做好保护工作奠定了良好的基础。事实上,保护工作虽然有一定的原则,但是却没有固定不变的方法。因此,在非物质文化遗产的保护工作中,我们不必墨守成规,应当在端正保护理念、遵循正确原则的基础上,根据保护对象的不同特点、不同情况,有的放矢地采取相应措施,逐步完善保护体系和方法,使保护工作切实落到实处。诚然,更为重要的是要唤起全民族的文化自觉,使保护文化遗产成为全民的自觉行动。

抢救与保护非物质文化遗产是一项任重而道远的文化工程,只有坚持实施科学正确的方法与措施,才能通过全社会的努力,逐步建立起比较完备的、有中国特色的非物质文化遗产保护制度,包括健全的传承体系,使中国珍贵、濒危并具有历史、文化和科学价值的非物质文化遗产得到有效的保护,并得以传承和发扬。文化利益是人民大众的根本利益之一,文化遗产的保护是国家可持续发展战略中的重要方面,只有修好中华民族非物质文化遗产这座"无形的长城",中华民族璀璨的文明才能绵延不绝。

# 第四节 非物质文化遗产的立法保护

中国拥有保护非物质文化遗产的优良传统，尤其是改革开放以来，在法制化建设的大环境中，开始注重以法律为依据开展相关的保护工作。但另一方面，就具体实践而言，围绕非物质文化遗产的立法工作又有一个不断探索、积累和循序渐进的过程。本节将介绍《非遗法》正式颁布之前国家和地方有关非物质文化遗产的立法实践。

## 一、国家层面的立法

在《非遗法》正式颁布前，国家层面已有多项法律、法规涉及非物质文化遗产保护工作，例如《宪法》《民族区域自治法》《刑法》《教育法》《义务教育法》《体育法》《药品管理法》以及《中药品种保护条例》《关于切实加强民族医药事业发展的指导意见》等法律、法规和规范性文件，以下摘要分别介绍。

### （一）《宪法》

在一个国家的法律体系中，宪法是根本法，是整个法律体系的核心，规定了国家的根本制度和根本任务。一切法律都要以宪法为依据，不得与宪法相抵触。我国《宪法》中也有涉及文化遗产保护的相关条款。1982 年公布的《宪法》（先后于 1988 年、1993 年、1999 年、2004 年修正）第二十二条第二款规定："国家保护名胜古迹、珍贵文物和其他重要历史文化遗产。"这一宪法条款明确了国家保护重要历史文化遗产的宗旨和责任，是制定相关法律、法规，依法保护非物质文化遗产的最终宪法依据。

### （二）《传统工艺美术保护条例》

1997 年 5 月，国务院颁布了《传统工艺美术保护条例》（以下简称《条例》），为保护我国传统工艺美术提供了法规依据。本条例对"传统工艺美术"的定义是，"百年以上、历史悠久、技艺精湛、世代相传，有完整的工艺流程，采用天然原材料制作，具有鲜明的民族风格和地方特色，在国内外享有声誉的手工艺品种和技艺"。《条例》建立健全了一套传统工艺美术保护制度，包括国家对传统工艺美术品种和技艺的认定制度，传统工艺美术品种和技艺的申请、审核和推荐制度，中国工艺美术珍品的评审、命名制度，以及中国工艺美术大师的评审制度等。《条例》规定，国家对传统工艺美术技艺采取的保护措施是：搜集、整理、建立档案；征集、收藏优秀代表作品；对其工艺技术秘密确定密级，依法实施保密；资助研究，培养人才。《条例》还规定，禁止窃取或泄露传统工艺美术技艺秘密，禁止非法开采有关珍稀矿产资源或盗卖珍稀矿产品，禁止私运珍品出境等。

《条例》颁布后，国家建立了评定机构，保护了一大批传统工艺美术品种，命名了443名国家级"工艺美术大师"，增强了全社会对传统文化遗产的保护意识，许多省市都制定了与《条例》配套的传统工艺美术保护办法、规定等。应该说，在《非遗法》颁布前，《传统工艺美术保护条例》是非物质文化遗产保护领域比较重要的一部法规文件。

（三）《关于加强我国非物质文化遗产保护工作的意见》《国家级非物质文化遗产保护与管理暂行办法》和《国家级非物质文化遗产项目代表性传承人认定与管理暂行办法》

2005年3月，国务院办公厅下发《关于加强我国非物质文化遗产保护工作的意见》（以下简称《意见》），确定了非物质文化遗产保护工作的目标、指导方针和原则。《意见》的核心内容是建立名录体系，逐步形成有中国特色的非物质文化遗产保护制度，包括四项内容：第一，开展非物质文化遗产普查工作；第二，建立国家级和省、市、县级非物质文化遗产代表作名录体系；第三，加强非物质文化遗产的研究、认定、保存和传播；第四，建立科学有效的非物质文化遗产传承机制。

2006年10月，文化部颁发了《国家级非物质文化遗产保护与管理暂行办法》（以下简称《办法之一》），作为与上述国务院办公厅的《意见》相配套的部门规章，进一步细化了《意见》的有关内容，对国家级非物质文化遗产名录项目的保护单位、代表性传承人以及管理措施等，提出了具体要求；明确规定了国务院文化行政部门、省级政府文化行政部门和县级政府文化行政部门的各自职责，保护单位的条件和职责，代表性传承人的条件等项内容。

2008年6月，文化部发布《国家级非物质文化遗产项目代表性传承人认定与管理暂行办法》（以下简称《办法之二》），作为与国务院办公厅《意见》相配套、与文化部《办法之一》相衔接的部门规章，进一步细化了上述两个文件中有关传承人的内容，对认定国家级非物质文化遗产项目代表性传承人的原则、传承人的条件、传承人申请和审批的程序、传承人的义务、撤销传承人资格的办法等项内容，作了明确规定。

《意见》下发后，2006年6月，国务院公布了第一批国家级非物质文化遗产名录。截至2011年5月，共评选、公布了三批国家级非遗名录。2007年6月，公布了第一批国家级非物质文化遗产项目代表性传承人。截至2012年12月，共评选、公布了四批国家级非遗项目传承人。以《意见》《办法之一》《办法之二》等文件为制度框架，以非遗名录和非遗传承人的申报、评选、管理为基础，逐渐建立和完善保护制度与传承系统，中国非物质文化遗产保护工作沿着法制化的轨道健康有序进行。

## 二、地方层面的立法

在中国非物质文化遗产保护领域的法制建立过程中，各级地方政府也相继制定了一系列地方性法规和规章，形成了立体的多层次的法律保护体系。以下用例举方式分别介绍省、地、县三级地方政府的立法情况。

### （一）《云南省民族民间传统文化保护条例》

2000 年 5 月，云南省公布《云南省民族民间传统文化保护条例》（以下简称《条例》），这是全国第一个专门保护民族民间传统文化的地方法规。《条例》包括总则、保护与抢救、推荐与认定、交易与出境、保护措施、奖励与处罚以及附则等 7 章，共 40 条。其中规定保护的民族民间传统文化共 9 项，包括各少数民族的语言文字；具有代表性的民族民间文学艺术形式；具有民族民间特色的节庆活动、民族体育、民间游艺等民俗活动；反映各民族生产、生活习俗的民居、服饰、器皿、用具等；代表性建筑、设施、标志和特定的自然场所；具有学术、史料、艺术价值的手稿、典籍、碑碣和口传文化等；民族民间传统文化传承人及其知识和技艺等。《条例》的保护对象以非物质文化遗产为主，但也包括物质文化遗产以及传承人的保护。《条例》明确了"政府主导、社会参与"的方针，规定了普查、抢救、保护制度，传承人认定制度，文化生态保护区制度以及奖励处罚制度等。

云南是中国少数民族数目最多的省份，全省有 25 个世居少数民族，其中云南特有民族 15 个，有 8 个民族自治州，29 个民族自治县。因此，云南也是全国非物质文化遗产最丰富多样的省份，是抢救保护任务最为急迫、繁重的省份。《条例》颁布后，云南省启动了全省性的非物质文化遗产文化普查工作，建立了省、州（市）、县非物质文化遗产保护名录体系及代表性传承人制度，设立了民族文化传统文化保护区。云南省是立法工作和保护实践走在了全国前列的省区之一。此后，贵州、福建、广西、宁夏、浙江、江苏、新疆等省区也分别出台了各自的民族民间文化保护条例。

### （二）《淮南市保护和发展花鼓灯艺术条例》

花鼓灯是传播于淮河流域的一种以舞蹈为主，综合灯歌、锣鼓、小戏于一体的艺术形式。花鼓灯风格刚健朴实、欢快热烈，富有浓郁的乡土气息，是汉民族最完整最系统的民间歌舞艺术形式，由于社会迅速变迁，城市化步伐加快和外来文化移入，花鼓灯生存环境改变，传播范围迅速萎缩，花鼓灯艺术已濒临消亡，急需抢救和保护。2001 年 6 月，安徽省淮南市通过《淮南市保护和发展花鼓灯艺术条例》（以下简称《条例》）。《条例》共 19 条，内容包括加强领导，将保护和发展花鼓灯艺术纳入本市国民经济和社会发展计划；设立保护和发展花鼓灯艺术专项资金；成立花鼓灯艺术研究组织，开展相关研究，指导花鼓灯艺术的保护、创新和发展；建立健全花鼓灯艺术资料档案及陈列展览室（馆）等。

《条例》是国内最早出台的以单项传统民间艺术形式为保护对象的地方性法规。《条例》颁布后，淮南市保护和发展花鼓灯艺术的工作全面展开。在花鼓灯艺术的重点县，组建了由县长领衔的县、乡、村三级花鼓灯保护组织网络，建成了花鼓灯生态村，组建花鼓灯艺术学校、花鼓灯博物馆、中国舞蹈家协会花鼓灯研究基地等，有力地推进了花鼓灯艺术的保护工作。

### （三）《长阳土家族自治县民族民间传统文化保护条例》

湖北省长阳土家族自治县地处湖北西南部，土家族占全县总人口 47%，非物质文化遗产非常丰富。2006 年 2 月，长阳县制定了《长阳土家族自治县民族民间传统文化保护条例》（以下简称《条例》）。《条例》共 32 条，界定了保护对象和范围，规定了政府职责，要求建立县、乡（镇）、村三级保护体系，设立专项保护资金，建立民族民间传统文化代表作、传承人、传承单位和传统文化生态保护区制度，明确规定了对行为不当者所应给予的处罚等。

这是全国第一部县级民族民间传统文化保护条例。与《条例》相配套，长阳县还制定了《民间文化校园传承管理办法》和《民族民间文化传承人认定与管理暂行办法》，对编入学校课程的民族民间文化的范围、传承资格的取得、校园传承活动的监督，以及传承人的申请和认定条件、评选程序及传承人的义务等，都作出了明确规定。长阳县实施了"民族民间传统文化抢救与保护工程"，举办民间艺术比赛、举行民间艺术展演、举办土家族文化周、建立文化生态保护区、出版民间文化丛书等，取得了明显效果。截至目前，长阳县共有 4 个国家级非物质文化遗产保护项目、7 个省级项目、7 个市级项目、29 个县级项目。

### 三、《非物质文化遗产法》阐释

我国的法律体系由宪法、法律、行政法规、地方性法规和部门规章五个层级组成，其中下位法低于上位法。例如，宪法是由国家最高权力机关制定的国家根本大法，具有最高的法律效力；《非物质文化遗产法》（以下简称《非遗法》）则属于基本法律，其法律效力高于行政法规、地方性法规和部门规章；上述《传统工艺美术保护条例》属于行政法规，由国务院制定，其法律效力低于基本法律；《云南省民族民间传统文化保护条例》属于地方性法规，法律效力低于行政法规；《国家级非物质文化遗产保护与管理暂行办法》属于部门规章，法律效力又低于地方性法规。

制定《非遗法》这样一部具有较高法律效力的基本法律，是我国非物质文化遗产保护工作的现实需要。由于社会经济发展的进程日益加快以及全球化的影响，近些年非物质文化遗产保护工作在我国显得日益紧迫，亟须一部高规格的法律规范各方面的关系。同时，我国已于2004年8月加入联合国教科文组织《保护非物质文化遗产公约》。该公约要求缔约国采取法律措施，确保非物质文化遗产得到保护。我国为履行该公约要求的义务，也有必要制定相关法律。

《非遗法》的起草制定，参照、借鉴了国际经验。在国内，也有意识地采取了"先地方、后中央"的立法思路。先由地方省区因地制宜地制定地方性法规，摸索积累经验。在地方立法的基础上，制定相关行政法规和部门规章。最后，再由全国人大制定更高效力的法律。非物质文化遗产的立法工作始于1998年。全国人大教科文卫委员会曾先后赴云南、广西、贵州、四川、新疆、江苏等省区深入调研，向文化部建议起草民族民间传统文化保护法。2002年8月，文化部经过论证研究，向全国人大教科文卫委员会报送了《中华人民共和国民族民间传统文化保护法（建议稿）》。这是最早形成的法律文稿。之后几易其稿，在加入《保护非物质文化遗产公约》后，将名称调整为《中华人民共和国非物质文化遗产保护法（草案）》。之后又去掉"保护"二字，更名为《中华人民共和国非物质文化遗产法（草案）》，报十一届全国人大常委会三审通过。正式颁布的《非遗法》包括总则、非物质文化遗产的调查、非物质文化遗产代表性项目名录、非物质文化遗产的传承与传播、法律责任以及附则6章，共45条。以下对《非遗法》进行解读和阐释。

## （一）总则

一部法律一般均设"总则"，开宗明义说明本法的立法目的、适用对象、基本原则和制度等概括性的内容。[①]《非遗法》第一章"总则"共10条，包括立法目的，适用的对象及范围，对不同性质和价值的非物质文化遗产采取保存、保护的措施及原则，政府的责任，公民、法人及其他组织参与保护工作的有关要求等内容。"总则"是理解一部法律的主线和总纲。

第一条是立法目的，包括三项内容，即"继承和弘扬中华民族优秀传统文化，促进社会主义精神文明建设，加强非物质文化遗产保护、保存工作"。需要说明的是，这三项内

①李树文.非物质文化遗产法律指南［M］.北京：文化艺术出版社，2011：22.

容并非完全并列的关系。其中，"加强非物质文化遗产保护、保存工作"是为了"继承和弘扬中华民族优秀传统文化"，其最终目的则是"促进社会主义精神文明建设"。这一立法目的的表述，以法律形式体现了党和国家对待传统文化所一贯采取的"古为今用、推陈出新"的方针。

第二条规定了本法适用的对象和范围，即"各族人民世代相传并视为其文化遗产组成部分的各种传统文化表现形式，以及与传统文化表现形式相关的实物和场所"，包括传统口头文学以及作为其载体的语言，传统美术、书法、音乐、舞蹈、戏剧、曲艺和杂技，传统技艺、医药和历法。这一定义遵从了《保护非物质文化遗产公约》的基本理念，明确了非物质文化遗产的三个特点：第一，世代相传、活态传承；第二，被相关的社区所认同和珍视；第三，突出了附属于非物质文化遗产项目的实物、场所，即物质文化遗产的相关性。

第三条规定了非物质文化遗产保护工作的总体原则和措施，特别是区分了"保存"与"保护"。"保存"是对所有非物质文化遗产采取认定、记录、建档等措施；"保护"是对其中体现着中华民族优秀传统文化，具有历史、文学、艺术、科学价值的非物质文化遗产进一步采取传承、传播等措施。需要说明的是，对不同性质和价值的非物质文化遗产应区别对待。那些落后甚至腐朽的陋俗，只能作为历史记忆予以保存，供专家研究，不宜传承、传播。在此，本法对"保护"做狭义的理解，采用其积极、正面的含义，为避免对所有非物质文化遗产不加区分地传承弘扬，因此在法律名称上亦不含有"保护"二字。这里需要指出的是，人们对非物质文化遗产项目的认识，往往受到时代的局限。所以在区分"保存"与"保护"的范围时，一定要采取十分审慎的态度。

第四条规定了保护的原则。保护非物质文化遗产应注意其真实性、整体性和传承性。"真实性"指尊重其历史原貌，保护其原始形态；"整体性"指保护其所有必要的元素和环节，以及对特定区域，包括非物质文化遗产代表性项目、相关的实物和场所及其自然生态环境进行整体保护；"传承性"指非物质文化遗产世代相传、延续至今的特点，一旦停止传承，非物质文化遗产也就将因失传而消亡。另外，我国各民族的非物质文化遗产种类繁多，一些项目涉及复杂的民族感情和社会关系。保护工作不是为保护而保护，而必须符合三个"有利于"的原则，即"有利于增强中华民族的文化认同，有利于维护国家统一和民族团结，有利于促进社会和谐和可持续发展"。

第五条规定了使用的限制性原则。使用非物质文化遗产应尊重其形式和内涵，禁止以歪曲、贬损等方式加以使用。使用非物质文化遗产，必须尊重非物质文化遗产的形式和内涵的真实性和完整性。非物质文化遗产往往承载着保有群体的文化记忆、价值观念和精神世界，以不当方式使用非物质文化遗产，极有可能对传承群体造成意想不到的伤害、亵渎和冒犯，甚至引起民族间、群体间的矛盾，影响社会的和谐稳定。需要说明的是，这里只规定了使用非物质文化遗产的限制性原则，并未明确有关违法行为所应负的法律责任。

第六到第十条规定了政府的职能和责任。本法是行政法，区别于民法，属于公法范畴。所谓公法，简单地说就是调整公权力的法律；行政法则是规范行政主体职责的法律。非物质文化遗产是公共资源，理所当然应由掌握公权力的政府承担主要的保护职责。本法规定，县以上政府应将非物质文化遗产的保护、保存工作纳入本级国民经济和社会发展规划，将所需经费列入本级财政预算，并特别规定"国家扶持民族地区、边远地区、贫困地区的非物质文化遗产保护、保存工作"。这三种地区由于经济开发较晚，通常保留了丰富的非物质文化遗产。但由于经济不发达，又使得保护经费短缺。本法明确规定了保护经费的来源，特别是规定了国家扶持的条款，这是对非物质文化遗产保护工作的有力保障。同时，本法明确授权文化部门作为非物质文化遗产保护工作的行政主管部门。我国非物质文化遗产品种繁多，保护工作涉及政府许多部门，如文化部门、文物部门、宗教部门、民族事务部门、旅游部门、建设部门等，这容易造成重叠管理、效率低下，更容易产生各部门职责不分、相互推诿的弊端。例如国务院 20 世纪 90 年代发布的《传统工艺美术保护条例》即未规定专门部门负责。为避免政出多门、多头管理的情况，需要由基本法律对非物质文化遗产保护工作的行政主管部门作出明确规定。

### （二）非物质文化遗产的调查

非物质文化遗产的调查是相关保护、保存工作的基础，只有在这个基础上，才能认定非物质文化遗产，建立名录制度，使非物质文化遗产得到传承和弘扬。第二章"非物质文化遗产的调查"共 7 条。第十一、十二、十三条规定了政府部门开展非物质文化遗产调查的各项职责，包括组织调查、收集相关实物、公开相关数据信息等。非物质文化遗产经过世代相传，往往具有珍贵的历史、艺术和科学价值，只有政府承担非物质文化遗产调查，对于调查对象和社会公众来说，才具有不可替代的公信力。同时，相关调查，特别是大规模普查性质的调查，是一项浩繁的工程，只有政府部门才能动员足够的人力物力完成这项工作。此外，非物质文化遗产调查的方法、步骤和程序也得到明确规定，即认定、记录、建档等。

第十四条规定，公民、法人和其他组织可依法进行非物质文化遗产调查。这种调查一般只涉及部分非物质文化遗产项目，规模较小，方式单一，可以作为政府部门调查的补充。第十五条规定，境外组织或个人在境内进行调查应报有关部门批准，并在事后提交调查报告、实物图片和资料复制件，境外组织的调查还应与境内有关学术机构合作进行。此项规定维护了我国的文化主权，旨在防止境外组织和个人对我国非物质文化遗产的不当使用。在改革开放日益深化、国际交流日趋频密的时代，从法律上保护我国境内的非物质文化遗产十分必要。需要说明的是，这里的"境外"指海关境域之外，包括港澳台地区。

第十六条规定了调查活动中应遵守的规则，即征得调查对象同意，尊重其风俗习惯，不得损害其合法权益。调查者应入乡调查，了解调查对象的风俗、礼节、禁忌，做到充分尊重。所谓合法权益，是指调查对象依法所应享有的权益，包括在调查过程中调查对象的讲述、展示、表演等活动，依法享有法律规定的署名权、肖像权、表演者权等。如果调查中涉及个人隐私和商业秘密，则应履行保密义务，采取保密措施。在调查中还应注意是否需向调查对象支付费用。①

第十七条是关于抢救濒临消失的非物质文化遗产的规定。有些非物质文化遗产项目，由于传承人年迈体衰或其他原因，面临永久消失的危险。在调查中或通过其他途径发现这样的非物质文化遗产项目，县级政府文化主管部门应立即予以抢救。这一规定明确了责任主体，同时也符合县级文化主管部门接近基层、采取抢救措施最为便利的实际情况。

（三）非物质文化遗产代表性项目名录

本章共10条。第十八条规定由国务院和省级政府建立非物质文化遗产代表性项目名录。这个代表性项目名录制度是我国非物质文化遗产保护制度的核心，保护规划、代表性传承人等制度和措施都以代表性项目名录制度为基础。目前，我国已建立起国家级、省级、地市级、县级项目名录体系。这一制度源自联合国教科文组织评选的"人类非物质文化遗产代表作名录"，也参照了我国的《文物保护法》。分级管理是我国文物管理的重要原则，根据文物价值的高低，区分等级，保护重点。例如，不可移动文物分为全国重点、省级、县级文物保护单位以及上述保护单位之外的其他不可移动文物；可移动文物分一级、二级、三级文物及上述之外的文物藏品。我国在物质文化遗产保护领域的成功经验为非物质文化遗产保护工作提供了基础。

第十九条是关于建立国家级非物质文化遗产代表性项目名录制度的具体规定。省级政府从已列入本级非遗代表性项目名录中择优向文化部推荐国家级项目。第二十条规定，作为政府推荐申报程序的重要补充，公民、法人及其他组织可直接向省级文化主管部门提出列入国家级项目名录的建议。第二十一条规定不同地区可同时推荐在形式和内涵上相同的国家级项目。第二十二条规定了国家级代表性项目的评审程序和原则，即由文化部组织专家评审小组和专家评审委员会，先初评，再审议。评审标准应遵循本法第三、四条规定的"四个价值"和"三个有利于"，即"体现中华民族优秀传统文化，具有历史、文学、艺

---

① 信春鹰. 中华人民共和国非物质文化遗产法解读 [M]. 北京：中国法制出版社，2011：33—47.

术、科学价值"以及"有利于增强中华民族的文化认同，有利于维护国家统一和民族团结，有利于促进社会和谐和可持续发展"。具体标准还可以参照国务院办公厅发布的《非物质文化遗产代表作申报评定暂行办法》。第二十三、二十四条具体规定了国家级非物质文化遗产代表性项目名录的公示、批准、公布的程序和原则。

第二十五至二十七条是关于保护和管理代表性项目的规定。第二十五条规定，文化部和省级文化主管部门应专门制定保护规划，对本级非物质文化遗产代表性项目进行保护。本条内容主要针对有些地方"重申报、轻保护"的现象，目的是使列入名录的项目切实得到保护。第二十六条规定，在非遗代表性项目集中、特色鲜明、形式和内涵保持完整的特定区域，可实行区域性整体保护，保护对象和范围包括非物质文化遗产代表性项目、相关实物和场地，也包括周边相关的文化空间和自然生态环境。目前，在中央一级已经设立了国家级文化生态保护实验区，在地方也设立了民族民间传统文化之乡。第二十七条规定，国务院和省级政府文化主管部门对非物质文化遗产代表性项目保护规划实施情况进行监督和检查。这样，从非物质文化遗产代表性项目的申报、评选、批准、公布，到制定规划进行保护，再到监督、检查，非物质文化遗产代表性项目名录制度得以全面确立。

### （四）非物质文化遗产的传承与传播

本章共 10 条，是关于非物质文化遗产传承、传播制度的规定。第二十八条是一条纲领性条款，规定国家鼓励和支持开展非物质文化遗产代表性项目的传承、传播。非物质文化遗产是一种活态文化，以口传心授的传承为存在的特征。因此，非物质文化遗产保护制度的关键就是建立以传承人为核心的、科学有效的传承机制。这是非物质文化遗产与物质文化遗产保护工作的根本区别。

第二十九条规定，由文化部和省级文化主管部门认定本级非物质文化遗产代表性项目的代表性传承人。传承人应符合的条件，一是熟练掌握相关的非物质文化遗产；二是在相关领域内有代表性和影响力；三是积极开展传承活动。代表性传承人的认定，应参照本法关于非物质文化遗产代表性项目评审的规定，公开、公平、公正地进行。第三十条规定，由县以上政府文化主管部门采取措施，支持传承、传播活动：一是提供必要的传承场所；二是提供必要的经费资助传承人开展授徒、传艺、交流等活动；三是支持传承人参与社会公益性活动等。第三十一条规定了传承人应履行的义务，一是开展传承活动、培养后继人才；二是妥善保存相关的实物、资料；三是配合文化主管部门和其他有关部门进行非物质文化遗产调查；四是参与非物质文化遗产的公益性宣传。如果传承人无法履行规定义务，可取消其传承人资格或重新认定传承人。在非物质文化遗产保护制度中，传承人处于核心位置，既是享有政府支持的权利主体，也是履行规定义务的责任主体。

第三十二、三十三、三十四、三十五、三十六条规定，县级以上政府负责宣传、展示非物质文化遗产项目；国家鼓励开展有关的科研和有关的记录、整理及出版工作；学校和新闻媒体应开展有关的教育和宣传、普及活动；图书馆、文化馆、博物馆、科技馆等及相关学术机构、保护机构以及国有的文艺表演团体和演出场所，根据业务范围，开展非物质文化遗产的整理、研究、学术交流和宣传、展示；国家鼓励和支持公民、法人和其他组织依法设立相关展示和传承场所，展示和传承非物质文化遗产。这说明，非物质文化遗产的保护是一个浩大的工程，需要政府和社会的共同努力，才能建立一个"政府主导、社会参与"的立体的多层次的传承、传播体系。

第三十七条规定，国家鼓励和支持合理利用、开发非物质文化遗产代表性项目，县级以上政府应对相关单位给予扶持，相关单位则依法享受税收优惠。非物质文化遗产代表性项目都是在传统社会中形成的。在现代新的生产、生活条件下，不同性质和种类的非物质文化遗产代表性项目，其遭遇也各不相同。一部分代表性项目基本上不能适应现代社会的生存环境，需要全方位地给予保护；另外，还有许多非物质文化遗产代表性项目仍保持着顽强的生命力，能够以其具有鲜明地方和民族特色的文化产品和文化服务，找到与现代市场经济的结合点，满足人民群众多样化的精神文化需求，从而融入当代社会的生产和生活。但是，这些代表性项目又不能不加区分地任其在市场中按照资本逻辑进行博弈和竞争，而需要政府依法给予特定的政策扶持和税收优惠。这就是对非物质文化遗产的生产性保护。生产性保护无疑是一种更积极的保护方式，是真正的"活态"保护。

## （五）法律责任

本章共 5 条，规定了违反本法所应承担的法律责任。第三十八条规定，文化主管部门和其他部门的工作人员在非物质文化遗产保护、保存工作中出现三种职务过失，依法给予处分。这三种职务过失，一是玩忽职守，即有意超过职权范围行使职权或不适当地行使职权；二是滥用职权，即不正确履行职责；三是徇私舞弊，即为个人或亲友私利不按法律、法规办事。所谓"处分"，是指行政机关对违反纪律或轻度违法而又未构成犯罪的行为责任人，给予的纪律制裁。按照我国《公务员法》，处分从轻到重依次为警告、记过、记大过、降级、撤职、开除。

第三十九条规定，上述部门和人员在进行非物质文化遗产调查时如果侵犯调查对象风俗习惯，造成严重后果，将依法给予处分。风俗习惯是各民族在长期历史中形成并延续的生活方式及其特点，主要表现在饮食、服饰、节庆、婚姻、丧葬、禁忌等方面。风俗习惯是民族特性的重要组成部分，体现一个民族共同的思想感情。尊重一个民族的风俗习惯，就是对这个民族的尊重。反之，侵犯民族的风俗习惯，将伤害民族感情，破坏民族团结，影响社会的和谐稳定。本条所说的处分与上一条相同，仍指行政处分。

第四十条规定了破坏相关实物和场所的法律责任。非物质文化遗产的相关实物和场所是其重要载体和表现空间，对它们造成破坏，将依法承担民事责任。这里所说的民事责任，主要是一种财产责任，它以财产赔偿的方式制裁责任人，从而补偿损失；破坏实物和场所，如果构成违反治安管理行为，将依法给予治安管理处罚，即由公安机关剥夺责任人的人身自由、名誉、财产等。

第四十一条规定了境外组织或个人违法行为的法律责任。本法第十五条规定，境外组织或个人在境内进行调查应报请有关部门批准，并在事后提交调查报告、实物图片和资料复制件，境外组织的调查还应与境内有关学术机构合作进行。本条规定，境外组织和个人违反本法，由文化主管部门责令改正，给予警告，没收违法所得及调查中取得的实物、资料；情节严重的，并处以罚款。

第四十二条规定，如果违反本法并构成犯罪，将依法追究刑事责任。这主要包括以下三种情况：一是贪污、挪用非物质文化遗产保护、保存经费；二是因渎职、失职等原因而造成重大利益损失；三是故意毁坏附属于非物质文化遗产的实物和场所。本章规定的法律责任，从轻到重，由行政责任到民事责任，最后到刑事责任。刑事责任是最为严厉的法律责任。依照我国刑法的规定，刑罚包括主刑和附加刑，主刑有：管制、拘役、有期徒刑、无期徒刑和死刑；附加刑有：罚金、剥夺政治权利、没收财产。对于犯罪的外国人，还可以独立适用或附加适用驱逐出境。

### （六）附则

附则是本法的附属部分，单独成章，一般是对非实体内容的规定，如与其他法律的衔接问题、本法的施行时间等。本章共3条，第四十三条规定，各省、自治区、直辖市参照本法制定相关的地方法规或规章。根据我国立法法规定，省、自治区、直辖市人民代表大会及其常务委员会根据本地情况，在不与宪法、法律和行政法规相抵触的前提下，可制定地方性法规；省、自治区、直辖市政府可根据法律、行政法规和本省、自治区、直辖市的地方性法规，制定规章。目前，云南、贵州、新疆等省区都已经制定了地方性的非物质文化遗产法规。中央与地方，初步形成了中国特色的非物质文化遗产法律体系框架。

第四十四条规定了涉及知识产权问题时的法律适用问题以及保护传统医药、传统工艺美术等的法律适用问题。本法第二条规定，传统医药、传统工艺美术属于非物质文化遗产，而此前国家已于2003年制定了《中医药条例》，于1997年制定了《传统工艺美术保护条例》，因此本条规定，对传统医药、传统工艺美术等的保护，其他法律、法规另有规定的，优先适用其他法律、法规的规定。另外，使用非物质文化遗产涉及知识产权问题，例如，涉及表演者权利时，可适用《著作权法》予以保护；涉及商业秘密，可适用《反不正当竞争法》予以保护。

第四十五条规定本法自 2011 年 6 月 1 日起施行，即从该日起本法发生约束力。

《非物质文化遗产法》的颁布和实施，在我国非物质文化遗产保护工作的进程中，具有里程碑的意义。随着我国经济社会的快速发展和保护工作的深入进行，非物质文化遗产领域的法制化建设还将进一步完善。一方面，需要一部和《非遗法》配套的实施细则，对《非遗法》进行详细、具体的解释和补充。另一方面，由于非物质文化遗产项目历史悠久、世代传承，其创作主体、权利主体具有群体性、不确定性的特点，区别于一般的著作权法所调整的对象。因此，还需要对非物质文化遗产的著作权进行专门规定，以对其进行适当的民事保护，防止对非物质文化遗产的不当使用。我国《著作权法》曾规定，民间文学艺术作品的著作权保护办法由国务院另行规定，但有关的法律、法规一直没有出台。在行政法颁布之后，制定保护非物质文化遗产的民事法律，可能是今后相关立法实践的一个重点。总之，最终应采取行政措施和民事措施相结合的方式，以期对非物质文化遗产进行更完整、更积极、更妥善的保护。

# 第三章 非物质文化遗产保护现状与活态化保护

## 第一节 我国非物质文化遗产保护现状分析

我国悠久的历史和灿烂的古代文明为中华民族留下了极其丰富的文化遗产。2018 年，非物质文化遗产（以下简称非遗）的保护和传承已成为治国理政的重要资源和重要内容。我国非遗保护取得的成果在文化发展改革的道路上起到了关键的推动作用，使我国的经济、文化地位都有了较大的提升。

### 一、政府为非物质文化遗产的保护提供经济支持

我国非物质文化遗产涵盖范围甚广，大体包括白蛇传说、河西宝卷等民间文学；蒙古呼麦、紫阳民歌等传统音乐；龙舞等传统舞蹈；昆曲川剧等传统戏剧；京东大鼓等曲艺；吴桥杂技、武当武术等传统体育游艺与杂技；剪纸、苏绣等传统美术；雕漆、扎染等传统技艺；针灸等传统医药；春节、清明节、端午节等民俗一共十大类国家级非物质文化遗产。政府每年会对各地、各类优秀的非遗传承人进行一定的补助，例如 2016 年，中央一共下发了 4 亿元的资金进行非遗的维护。

### 二、全国各地积极举办文化遗产活动

近年来，我国积极宣传非物质文化遗产，通过各种渠道对内、对外展示我国的非物质文化。利用各地大型文化活动、传统节日庆祝活动、社区内举办的小型舞台等平台宣扬非遗的魅力。通过网络、媒体、国内外交流活动等方式，推动 100 多项国家级、省级的非遗项目走到国外，让国外对其更加了解，扩大了文化遗产的社会影响力。2019 年 6 月 9 日，是我国第三个文化和自然遗产日，也是第十四个文化遗产日，我国多地举办丰富多彩的活动迎接这个全民的节日。一系列非遗活动都集中展示了我国非遗的精致以及运用非遗元素衍生出的新作品，让老百姓切身体验到非遗的博大精深，也让众多传承人见证了非遗传承的空间和潜力。

### 三、建立了非物质文化遗产的保护体系

中国对于文化遗产的保护是不断发展的，早在 1997 年，我国就出台了第一个有关古民居保护管理的单项文物法规《安徽省皖南古民居保护条例》，这一法规一经通过，就产生了深刻影响。后来，在相关专家以及相关传承人的指导和建议下，结合我国实际情况，制定了《非物质文化遗产法》，为我国非遗规范化、科学化保护提供法规制度保障，对非遗项目安排了保护工作专项经费，确保保护工作的正常进行。

另外，在我国商标法中也对非遗保护作出规定。非遗年代都比较久远，所以申请注册商标具有天然的优势。传统上比较常用的是集体商标和证明商标。这两种商标很好地解决了非遗中存在的主体不适格问题，因为非遗几乎都不是个人拥有的，而集体商标和证明商标都是以群体的名义提出的，所以集体商标和证明商标为大家共享非遗的利益提供了法律保障。例如，有名的宣纸商标"汪六吉""曹氏"等，这些商标都是对传统宣纸手工艺最有力的保护。

# 第二节　非物质文化遗产活态化保护的内涵解读

活态保护的具体内容是指：针对非物质文化遗产活态流变性的特点，用可持续发展的眼光来看待非物质文化遗产的保护，注重以人为本，加强对传承人的保护；注重文化空间的保护；重视遗产保护中观念的创新；重视立法和制度建设；重视资金投入和基础设施建设；重视全体公民的积极参与；注重在一定程度上进行产业化开发。

## 一、传承有序

传承有序主要包括以下两个方面内容：

（1）历史的一贯性。非物质文化遗产经过代代相传，从久远的年代走到今天，经历了漫长的历史过程。这期间，文化记忆与技艺依靠社区、群体或个人得以传续，形成一个个经纬交织的链条。并蹚过历史长河，形成现在的遗存，也就是今人所认识的遗产。传承有序或以集体形式进行，或以个体形式完成；或师徒传习，或家族传续。这种连绵不断的链条对于追溯其本源、流变过程提供了可考的理据。以传统手工艺为例，承担传习任务的民间艺人是非物质文化遗产的载体，他们所掌握的传统技艺，从来没有得到官方文化和上层文化正史的重视，一直以来都存在于艺人头脑中，依据艺人的记忆和技艺而存在。为了保持自身旺盛的生命力，就必须依靠一种有序的方式，也就是"不断线"地传承下去，形成

历史的一贯性。

（2）技艺和文化内涵的稳定性。非物质文化遗产的传承是一条奔腾向前的河，虽然随着时间的流逝和空间的变幻，内容和形式都有所变化，但是其基本的技艺和文化内涵却不会改变。因为，"人"是非物质文化遗产的决定性的因素。只要实现有序的传承，就可以保持它们的纯正性和稳定性。以木版年画为例，虽然随着时间的流淌，画样和版样有所创新和变异，但"祈福禳灾"的文化内核不变，年画制作主要工艺流程也没有改变。但是，一旦非物质文化遗产的传承主体消失，他们身上所承载的文化技艺也会随之消失。在历史的最初阶段，每天都在重新发明，而且每个地域都是独立进行的。也就是说，在非物质文化遗产萌芽产生的时刻，如果没有一种内在的传承方式去制约，便随时面临着被另外一种文化形式取代的危险。任何一种非物质文化遗产都有自己独特的文化基因和记忆，这是它得以区别于它类的"根"。如果失去这些，也就失去了自己的独特个性和持续发展的动力。

## 二、保持本真性

"本真性"是英文（Authenticity）的译名。它的英文本意是表示真实的而非虚假的、原本的而非复制的、忠实的而非虚伪的、神圣的而非亵渎的。20 世纪 60 年代"本真性"（也可称为"原真性"）被引入遗产保护领域，并逐渐在世界范围内达成理解和共识。1964 年的《威尼斯宪章》奠定了本真性对文化遗产保护的意义，提出将文化遗产真实地、完整地传下去是我们的责任。也就是说，本真性是要保护原生的、本来的、真实的历史原物，保护它所遗存的全部历史文化信息。1994 年 12 月在日本通过的关于本真性的《奈良文件》肯定了本真性是定义、估评、保护和监控文化遗产的一项基本原则。如何保持非物质文化遗产的本真性，就要关注和尊重其文化价值观。

一方面，非物质文化遗产承载着生活制度和行为规范的内涵，是广大民众生活当中须臾不可离开的一个有机组成部分。例如，有些少数民族没有文字，许多艺术作品均以口头传承的形式流传下来，侗族的"款词"、瑶族和苗族的"石牌话"，都是非常典型的代表。世世代代劳动人民口传心授、约定俗成的活态文化是民族价值观的反映，是民族情感的寄托，是民族精神和民族性格的体现，是民族的灵魂，民族的根，是现代文化发展的不竭的源泉。

另一方面，蕴涵在各民族民间文化当中的价值观念又构成了这一文化的灵魂。非物质文化的本质基础在于它的价值，即在于人同这一文化的关系，脱离了本真性的文化事象只能是外表光鲜而内无神韵。保护非物质文化遗产应该十分关注、大力发掘和精心保护蕴涵于其中的价值观念，并与现代理念和技术结合起来。

这样，保护才具有了本质性的意义，才能使之呈现为活的文化。其中应该尤其关注民众同非物质文化遗产的情感联系，如果将民间故事以及故事家同生活、同民众的联系割断，就会丧失原有的内在精神，原来的民间故事变质了，所谓的民间故事家也就不存在了。

所谓的民族民间文化，主要是指由特定民族或特定区域的人群所传承的，反映了该民族或该地区人群的生存历史、生活习俗、心理特征以及所赖以生存的自然环境、社会环境、宗教信仰等多种内容的文化表现形式的总和，而不是单一的文化表象。申报世界非物质文化遗产代表作的条件之一，就是要求这一文化必须深深扎根于一个地方的传统文化历史中，能够作为一种手段，来体现一个地区的文化特质和价值，对社会团体起到促进作用。文化遗产当中所蕴含的价值观念，同时也是这一文化所赖以生存和发展的灵魂。文化形态与价值观念，共同构成了这一文化所独具的文化生态。文化生态的平衡关系一旦被打破，就会造成文化基因谱系的断裂，这种文化形态的存在也就失去了意义。所以说，如果舍弃了对本真性这一文化灵魂的保护，也就等于肢解了这一文化的有机生命，文化也就不再是活的文化，对这一文化的抢救和保护也就会只停留在表面了。

随着社会的转型，人们的生产、生活方式以及文化生态环境的变化，使得原生态的传统文化正在走向衰落、变异。民间原生态的非物质文化遗产越来越少，而流传至今的非物质文化遗产又是以口头讲述和行为传承等动态方式存活，始终与变化着的社会环境和文化语境相适应，表达着当下传承主体的鲜活情感，所以外在的变化极其容易引起内部的变迁，这就为我们坚持非物质文化遗产保护的本真性原则带来了许多困难。

然而，世界遗产委员会明确规定本真性是检验世界文化遗产的一条重要原则，并要求真实、全面地保存、延续文化遗产的历史信息及全部价值，明确提出被登录的遗产不能是按照当代人对历史的臆想，去重建恢复的东西。因此，坚持本真性原则，有助于提高对文化遗产价值的认识，坚持正确的保护理念和实践，是最为有效地防止"伪民俗"和"伪遗产"占用可贵的保护资源财富的最佳途径。

## 三、整体性保护

中国是一个历史悠久、民族众多的文明古国，且拥有着世界上最丰富多彩的非物质文化遗产。我们的非物质文化遗产既包含着丰富多样的内容和形式，又与特定的生态环境相依存。活态保护倡导的保护是力求用一种全方位多层次的方式来保存人类文化的多样性和丰富性，但真正落实到保护上，却又难以全面操作。

所谓"整体性"，就是要保护文化遗产所拥有的全部内容和形式，也包括传承人和生态环境。就是说要从整体上对非物质文化遗产加以关注并进行多方面的综合保护。目前，在保护非物质文化遗产的过程中，各地都存在条块分割、点面断裂、缺乏整体规划与筹划的情况，难以形成整体联动的局面。在保护工作中，应当注意防止单纯"文化碎片"的代表作式的保护。所谓文化碎片，就是指原本是一个整体性的文化结构，成了支离破碎的状态。一个民间文化的品种或类型不是单一独立，而是混同一体，相互依存构成一个文化的整体。文化遗产的保护也不应是文化的碎片，缺乏文化整体性的理念，人为地把它分割开来，单独将其中一部分作为一种类型的文化遗产保护，这样一来虽然形式上实现了保护，但实际上却破坏了文化固有的整体风貌和遗产的价值。历史的经验以及世界文化遗产保护的发展趋势都告诉我们，坚持整体性原则是非物质文化遗产保护的必然方向。

## （一）整体性保护的原则

在全球经济一体化和社会生活现代化的大潮中，传统民间文化正面临着灭顶之灾，特别是以口头传承为主要存在方式的非物质文化遗产正在迅速变异或消亡。传统的、多样的民族民间文化受到了社会化大生产和外来文化的强势撞击。这种撞击的结果绝不仅仅意味着个别文化片段的毁灭，而是意味着整个多样性文化的生存空间的改变，如果我们不能从整体上对这一生存空间加以热心关注、科学分析和合理、有效的保护，正确处理好发展与保护之间的关系，那么，任何割裂之后的小范围维护都会变得苍白无力、毫无意义。同样的，不能将非物质文化遗产从它的生存环境和背景中割裂出来"保护"，否则只能是切断其自我更新、自我创造的能力，最终使我们的优秀民族文化的根基受损。也可以说，对具体文化事象的保护，要尊重其内在的丰富性和生命特点。不但要保护非物质文化遗产的自身及其有形外观，更要注意它们所依赖、所顺应的构造性环境。这就要求不仅要重视这份遗产静态的成就，尤其更要关注各种事象的存在方式和存在过程。比如，对于丧葬仪式的唱歌活动的考察，如果要保护民歌演唱传统，使它流传下去，只是整理歌词、录音、录像是不够的，它并不能反映哭丧仪式中的悲怆情绪和死别的心境，必须要设法保护民歌演唱活动最基本的生态环境，只有坚持活态保护，才能使之继续活在民间。总之，既要保护文化事象本身，也要保护它的生命之源。

在保护过程中，应当注意文化遗产的历史形态，不可片面以为文化遗产的"过去式"是其最合理的存在状态，更应正视文化遗产的现时状态，承认它的发展和流变，而不是人为地将其作为化石来对待。有形文化遗产反映的可能只是人类过去的创造而非物质文化遗产反映的是人类的过去、现在以及将来的创造力。正如德国哲学家加达默尔指出的：即使在生活受到猛烈改变的地方如在革命的时代，远比任何人所知道的多得多的古老东西在所谓改革一切的浪潮中仍保存了下来，并且与新的东西一起构成新的价值。作为活态文化的非物质文化遗产，随着历史的演进和时代的发展，不断地变化、更新，不可能一成不变。特定时代特定事件的有形文物是固定的，不可再生的，它可以是脱离世界活形态文化传统的一种静态存在，是一种物化的时间记忆和空间象征，相对来说，对它可以用强制的手段进行有效的保护。但是，非物质文化遗产却是流动的、发展的，它不可能脱离生产者和享用者而独立存在，它是存在于特定群体生活之中的活的内容，是发展着的传统行为方式，它无法被强制地凝固保存。也可以说，任何非物质文化遗产都是流动的、发展的，它在社会发展的每个阶段都会产生新的变异，并在变异中求得生存和发展，在变异中彰显它与众不同的魅力。

此外，坚持整体性原则是为了保护完整意义上的文化，无形文化遗产和有形文化遗产都是我们的宝贵财富，虽然在具体形式、内涵、功能上有所不同，但都是中华民族精神情感的衍生物，都是同根同源、一脉相传的文化整体，这对于我们了解和认识传统文化都有至关重要的意义。因此，我们不能将其割裂开来，应当同时加以有效保护，才能继承完整的中华文化传统。

### （二）如何进行整体性保护

如何对非物质文化遗产进行整体性保护，应该做好这几项工作：一是尽快建立本地的非物质文化遗产信息库。各地政府和学界要尽快完成本地区非物质文化遗产的收集、整理和归类工作，为制定系统的保护政策和规划提供客观依据；二是尽快制定整体保护规划。各地要针对本地区非物质文化遗产资源的整体分布情况，来制定保护非物质文化遗产的保护规划和保护政策。规划的总要求要注重结合实际、因地制宜，使本地区的非物质文化遗产保护形成系统；三是要尽快形成完善保护体系。各地要尽快形成对各层次非物质文化遗产的保护，建立起世界级、国家级、省级、县（市）级四级非物质文化遗产保护项目体系，通过一层层的合理结构，形成高效能的保护体系，做到层层深入、责任到位。并且加强系统组织管理，在系统化的原则下，建立有序的保护网络，克服自发保护的局限性和盲目性，使非物质文化遗产得到最大限度的保护和利用。

## 第三节　非物质文化遗产活态化保护的原理审视

非物质文化遗产的延续和发展是以传承为纽带的，而传承的过程使得非物质文化遗产具备活态流变性，活态流变性的核心一个是"活"，一个是"变"。"活"包括非物质文化遗产存在的动态性，随着环境变化而变化、随着传承活动和传承对象的改变而变化的特点，另外一个含义则指的是非物质文化遗产是"活"在当代、"活"在人们生活中的文化。非物质文化遗产的产生、发展自始至终都是一个动态的、变化的过程。活态流变性贯穿于非物质文化遗产传承活动的始终，它包括：纵向历时性传承中的动态性，横向共时性传播中的流变性。

一些学者认为进化论是将人类学纳入时间序列，而传播论则是将人类学纳入空间序列。我们认为，进化论着重纵向联系，传播论着重横向联系，其实两者各有长短。

一是进行共时性活态保护。从共时性来看，非物质文化遗产或通过一方有意识的学习、另一方的悉心传授，或老百姓之间的自发的相互学习等文化交流方式得以流传到其他民族、国家和区域，通过这些途径使得非物质文化遗产进行广泛的传播。这种传播呈现出的活态流变的性质，使非物质文化遗产的共有共享成为可能，也是它与物质文化遗产的重要区别之一。通常而言，物质文化遗产的传播通过复制就可以获得，如依据设计图纸和建造方案进行复制就可以了。但非物质文化遗产的传播是一种活态流变，是继承与变异、一致与差异的辩证结合。它在传播过程中，常常与当地的历史、文化和民族特色相互融合，从而呈现出继承和发展并存的状况。但应该看到，虽然有变化和发展，却依然存在基本的一致性，如果完全不同，也就失去了其特质。

世界上没有一个民族是孤立发展的，每个民族都受到周围相邻民族的种种影响。因此，德国地理学家拉采尔认为，文化特质只有一个起源，其他支流都是由传播而来。这就是说，文化形式的相似绝不是由相同的心理为基础而独立发生的，更不是因为利用质料的方法相同或目的相同所致。两个相距遥远互不接触的地区有相类似的文化，它们平行发展，两者并无发生学上的关系，它们之所以相似，是因为在同一时间内，这些不同的进化路线受同一原则支配，即利用一切可能的技术条件去适应特定的技术环境。也可以说，这是文化对生态的适应，文化变迁、发展的过程就是适应环境的过程。如，端午节虽然起源于我国，但在文化交流中传播到了韩国，韩国并不是原封不动地照搬，而是融入了很多他们自己的风俗习惯、民族特色和文化传统，丰富和发展了端午节的内涵。

但是，这个端午节已经并不是在中华大地上的那个意义的端午节了。

二是进行历时性活态保护。文化保护是一个巨大的系统工程，它所要考虑的不仅仅是文化表现形式本身的保存，还必须综合考虑政治、经济、社会、民生等方方面面的现实利益的维护。人们应当逐渐摆脱先前那种"以一种文明取代另一种文明"的简单的线性价值取向。取而代之的是，人们对处于各种不同时空状态下的不同民族、不同文化的广泛理解与认同。马克思主义认为不能用生物学规律来解释社会发展，社会的进步取决于生产关系一定要适应生产力性质的规律，社会发展的根本原因是生产方式的发展。

自英国人类学家泰勒（E. B. Tylor）的《原始文化》一书于1871年发表以来，便为人类学家所广泛应用，有的欧洲人类学家论证说，全部文化开始于一个或多个特殊区域，然后向全世界传播，这种认为所有文化都是一个共同起源的观念，统称为传播主义。他们用生物进化来解释社会，把社会进化的原因归于人类心理一致，认为进化的顶点是资本主义社会，认为某些非物质文化遗产代表的是低等的生产力，并最终会灭亡，最后文化会趋向一致。这种认为文化从简单到复杂、通过共同途径进化的思想被批评家称为单线进化。单线进化论从文化发展的角度来看有本质性的错误，它否定了处在不同时期的文化的存在状态，认为低等社会产生的文化一定会被高等社会的文化所取代。而大多数非物质文化遗产都是产生于不发达的社会中，如果承认了单线程进化，就会造成它们的遗失和灭亡。文化的趋同和一致，造成了文化的无差异性，更加不利于社会的发展和文化的进步。

从历时性的纵向传承来看，非物质文化遗产承载着诸多历史的记忆，要依靠世代相传保留下来。同时，一旦停止了传承活动，也就意味着死亡。而且，往往是口传心授，打上了鲜明的民族、家族的烙印，传承人的选择和确定主要着眼于与被选择者的亲密关系与对其保密性的认可。通常以语言、亲自传授等方式，使这些技能、技艺、技巧由前辈那里流传到下一代，正是这种传承才使非物质文化遗产的保存和延续有了可能。而这些非物质文化遗产也成为历史的活的见证，假使没有了这些传承活动，也就谈不上动态的表现活动，也就更谈不上非物质文化遗产了。

非物质文化遗产具备动态性，首先在表现形式上就是一个动态的过程。对具体的非物质文化遗产类型来说，音乐、舞蹈、戏剧等表演艺术类型都是在动态的表现中完成的，图腾崇拜、巫术、民俗、节庆等仪式的表现也都是动态的过程，器物、器具的制作技艺也是在动态的过程中得以表现的。

其次，从其特定的价值观、生存形态来看，非物质文化遗产也是动态的。非物质文化遗产就如有的学者所说的"灵魂"，即"创生并传承她的那个民族（社群）在自身长期奋斗和创造中凝聚成的特有的民族精神和民族心理，集中表现在共同信仰和遵循的核心价值观"。非物质文化作为民族（社群）民间文化，它的存在必须依靠传承主体（社群民众）的实际参与，体现为特定时空下一种立体复合的能动活动，如果离开这种活动，其生命便无法实现。活动开展和人们的参与就是一个动态的过程。非物质文化遗产历史性传播中不但存在着动态性，也存在着变化。

一是当特定的环境发生变化，包括政治环境、经济环境、文化环境的变化，传承也就会在与自然、现实、历史的互动中，不断生发、变异和创新，这也注定它处在永不停息的运变当中。

二是在传承活动中，由于人在传承活动中具有核心作用。因此，非物质文化遗产会随着传承人的变化而发生一定的变化，每个具体的人对某种非物质文化遗产的感悟力、理解力、创造力都是不同的，这也使得非物质文化遗产是一个不断变化的动态过程。

三是有些非物质文化遗产在发展过程中，本身在表现其艺术性的同时，关键还在于是艺人的一种谋生本领。所以，随着时代的变化，随着对象喜好的变化，艺人们也会相应地、或者是在不知不觉之中对自己的技艺做出相应的调整，这也使得其具备动态性。

# 第四章 非物质文化遗产活态化保护与传承对策

## 第一节 非物质文化遗产活态化保护的可行性分析

非物质文化遗产在 2003 年联合国教科文组织颁布的《保护非物质文化遗产公约》中被解释为"被各社区、群体，有时是个人，视为其文化遗产组成部分的各种社会实践、观念表述、表现方式、知识、技能，以及与之相关的工具、实物、手工艺品和文化场所。这种非物质文化遗产世代相传，被不同社区和群体在适应周围环境和自然的过程中和与其历史的互动中不断地再创造，为他们提供持续的认同感，增强对文化多样性和人类创造力的尊重"。为什么要进行活态保护，这与文化本身的结构和内容有很大的关系。根据非物质文化遗产的特性，人们在实施保护的过程中提出了"活态保护"的理念。活态保护的方法目前已广泛使用于非物质文化遗产保护工程中并被公认为非物质文化遗产保护的最佳方式。因此，"活态保护"对非物质文化遗产保护工程的顺利实施就显得非常重要，认真研究"活态保护"并贯彻实施，毋庸置疑是非物质文化遗产保护得以实现的关键。

非物质文化遗产的"活态保护"观念是相对于物质文化遗产的"静态保护"而衍生出来的。物质文化遗产是一件件物品或一处处的遗址，要求置放于博物馆里或相类似的环境里，与观赏者隔着一定的时空距离，人们在静静观赏中，品味流逝在时光里的辉煌文明。历史与现实在这里是相互隔离，历史仅仅用于遐想、膜拜或对比中，物质文化遗产在这里充当的是一种类似于"表演"的角色，来演绎历史。而非物质文化遗产，它有两个明显的特征，一是"无形"，由一个民族心口相传的"社会实践、观念表述、表现方式、知识、技能"；二是"活态"，它在久远的历史年代中就已经产生却又延续至今，在更多的成分上是一种仍然继续着的生活，要保护这种"无形"而又"活态"的"遗产"必须遵循原生态的原则。实施"活态保护"，简单说来就是让民族民间文化在原生的环境中得到保存和发展，发展才是其核心思想。

# 一、活态保护的流变性

## （一）活态流变性——非物质文化遗产的存在特性

非物质文化遗产在传承中的活态流变性特点在目前已经在学术界形成一定的共识，有不少专家学者阐述过关于非物质文化遗产活态性的特点。2002 年 10 月 20 日《北京日报》，文艺周刊上，宗远发表了《抢救活态文化迫在眉睫》，路艳霞发表了《中央美院倡导"活态文化"》都提到了非物质文化遗产是一种活态文化的观点。中央美术学院老师，中国剪纸协会会长乔晓光也是一位多年致力于民间文化和民间美术研究的专家，他从 2002年开始致力于非物质文化遗产的保护和传承的创造性工作，在民间剪纸遗产申报的过程中，面向社会，乔晓光提出了一系列引起社会关注的问题。2004 年他通过山西人民出版社出版了《活态文化——中国非物质文化遗产初探》一书，在这本专著上首次提出了关于"活态文化"的概念，并提出以民间文化为主体的"活态文化"同样是中华文明持久性的核心因素，呼吁大家对非物质文化遗产进行保护。2006 年 10 月第一版出版的非物质文化遗产保护著作《非物质文化遗产概论》，由王文章主编，在非物质文化遗产的基本特点中也有关于非物质文化遗产活态性和流变性的论述。

非物质文化遗产的延续和发展是以传承为纽带的，而传承的过程使得非物资文化遗产具备活态流变性，活态流变性的核心一个是"活"，一个是"变"，"活"包括非物质文化遗产存在的动态性、随着环境变化而变化、随着传承活动和传承对象的改变而变化的变化性特点，另外一个含义则指的是非物质文化遗产是"活"在当代，"活"在人们的生活中的文化。

非物质文化遗产自始至终都是一个动态的、变化的过程。活态流变性贯穿于非物质文化遗产传承活动的始终，包括：纵向传承中的动态性和变化，横向传播中的流变性。

1. 历时性中的"活态流变性"

从历时性的纵向传承来看，非物质文化遗产要依靠世代相传保留下来，一旦停止了传承活动，也就意味着死亡。而且，往往是口传心授，打上了鲜明的民族、家族的烙印，传承人的选择和确定主要着眼于与被选择者的亲密关系与对其保密性的认可。通常，以语言、亲自传授等方式，使这些技能、技艺、技巧由前辈那里流传到下一代，正是这种传承才使非物质文化遗产的保存和延续有了可能。而这些非物质文化遗产也成为历史的活的见证，假使没有了这些传承活动，也就不存在这些动态的表现活动，也就更谈不上非物质文化遗产了。

非物质文化遗产具备动态性，首先在表现形式上就是一个动态的过程。对具体的非物质文化遗产类型来说，音乐、舞蹈、戏剧等表演艺术类型都是在动态的表现中完成的；图腾崇拜、巫术、民俗、节庆等仪式的表现也都是动态的过程；器物、器具的制作技艺也是在动态的过程中得以表现的。

其次，从其特定的价值观、生存形态来看，非物质文化遗产也是动态的。非物质文化遗产就如有的学者所说的"灵魂"，即创生并传承她的那个民族（社群）在自身长期奋斗和创造中凝聚成的特有的民族精神和民族心理，集中表现在共同信仰和遵循的核心价值观。非物质文化作为民族（社群）民间文化，它的存在必须依靠传承主体（社群民众）的实际参与，体现为特定时空下一种立体复合的能动活动；如果离开这种活动，其生命便无法实现。活动开展和人们的参与就是一个动态的过程。

非物质文化遗产历史性传播中不但存在着动态性，也存在着变化。

首先当特定的环境发生变化，包括政治环境、经济环境、文化环境的变化，传承也就会在与自然、现实、历史的互动中，不断生发、变异和创新，这也注定它处在永不停息的运变当中。

再次，在传承活动中，由于人在传承活动中具有核心作用，因此，非物质文化遗产会随着传承人的变化而发生一定的变化，每个具体的人对某种非物质文化遗产的感悟力、理解力、创造力都是不同的，这也使得非物质文化遗产是一个不断变化的动态过程。

最后，有些非物质文化遗产在发展过程中，本身在表现其艺术性的同时，关键还在于是艺人的一种谋生本领，所以，随着时代的变化，随着对象喜好的变化，艺人们也会相应地、或者是在不知不觉之中对自己的技艺做出相应的调整，这也使得其具备动态性。

2. 共时性中的"活态流变性"

从共时性的横向传播来看，非物质文化遗产或通过一方有意识的学习、另一方悉心教授，或老百姓之间自发地相互学习等文化交流方式得以传到其他民族、国家和区域，这就导致了非物质文化遗产的传承和传播。

这种传承和传播使得非物质文化遗产呈现出活态流变的性质，也使得非物质文化遗产在不同区域和国家之间共有和共享成为可能，这也是它与物质文化遗产的重要区别之一。通常而言，物质文化遗产的传播主要通过复制就可以获得，依据设计图纸和建造方案进行复制就可以了。不过，非物质文化遗产的传播是一种活态流变，是继承与变异、一致与差异的辩证结合。在它的传播过程中，常常会与被传播地的历史、文化和民族特色相互融合，从而呈现出继承和发展并存的状况。

这种传播使得非物质文化遗产有变化和发展，不过还是会与原来的传统存在基本的一致性，如果完全不同，也就失去了其特质。例如端午节起源于我国，但在中外文化交流中传播到了韩国，但韩国并不是原封不动地照搬，而是融入了很多韩国自己的风俗习惯、民族特色和文化传统，丰富和发展了端午节的内涵。这个节日从刚流传到韩国到现在，韩国人坚持守住这个节日的"魂"，严格地遵守节日的原来的程序，但又不忘时时创新，加入新的血液，已经从原来的岁时习俗，演化成为"尝试新文化、探索新生活方式"的现代庆典活动。

## （二）活态流变性——非物质文化遗产的价值特性

### 1. 非物质文化遗产的价值特性

非物质文化遗产与其他文化遗产最明显的区别在于变化，在于创新，它是在历史长河中凝聚了很多代人的智慧，而又活在当代的文化，是一种活态文化。这就是非物质文化遗产的活态流变性特点。如果说其他文化遗产是一座静态的桥，那么非物质文化遗产则是桥下的河流，是流动的、充满活力、生生不息的。这正是非物质文化遗产最独具特色的价值所在。

活态流变性的核心一个是"活"，一个是"变"，而"活"不但指传承过程中的动态性，还指的是非物质文化遗产"活"在当代，"活"在人们的生活中。

其他的文化遗产比如世界文化遗产中的故宫、长城凝聚的是那一个时代以前以及那一个时代的人的智慧，人们可以通过对这些遗存的参观和考察，去了解人类某一个时代的思维和精神价值取向，归根到底，它们是静止的，是无言的，也是距离人们的生活有一定距离的。如果把前者比喻成鱼干，后者则是一条活鱼。前者的保护方式主要是防腐，而后者的保护方式主要是养生。将无形文化遗产搜集并记录下来固然重要，但说到底，将非物质文化遗产做成标本存入博物馆或是资料库并不是我们的最终目的，我们的真正目的是想让这些无形文化遗产像水中之鱼一样，永远畅游在中国文化的海洋里，生生不息，永无穷尽。

非物质文化遗产它们从远古走来，却还鲜活在当代，它们是我们人类生活中的一部分，它们凝聚的是一代代人的智慧和不断加深和巩固的民族思维方式和民族精神，人们可以通过各种活动的参与延续这种民族的精神，从而产生强烈的民族认同感和自豪感。

### 2. 活态保护的理论根据

本书提出对非物质文化遗产进行"活态保护"是基于以下考虑：

第一，活态流变性是非物质文化遗产的本质特征。对非物质文化遗产的保护只有注意到了这一点，也才能形成一种更为理性和科学的保护思维，才能提出较为理想的保护措施。所以，对于非物质文化遗产的保护，我们不能采取保护世界文化遗产和自然遗产的思维，要注意进行活态化保护。

近些年非物质文化遗产保护存在很多问题，主要是没有注意到非物质文化遗产的个性特征导致的，大部分保护活动还主要停留在静态保护的水平：重资料整理和静态展示，轻活动开展和动态展示；重纯粹的不加以任何改变的"原真性"保护，忽视非物质文化遗产在历史长河中不断发展、变化和创新的活态性和流变性；重视物化作品的保护，轻传承人的保护等等。

第二，比较起其他的保护方法，如整体性原则、以人为本原则、文化遗产保护的"有形化"原则、原真性原则来说，"活态保护"能够更全面、更为本质、更有针对性地保护非物质文化遗产。在我们的"活态保护"中，以人为本只是其中的一个方面，而文化遗产"有形化"原则，则指的是将非物质文化遗产整理成代表作，整理成资料，虽然这种办法有一定的效果，但是从长远保护来说，是不能根本解决问题的，和本文的"活态保护"的原则相冲突，"原真性"原则，特别注重遗产原来的本来面目，反对一切形式对遗产的改变和创新，如果从世界遗产和自然遗产的角度来看，这是最高的保护准则，但是，对于非物质文化遗产的保护来说，却不是很适合，因为非物质文化遗产的保护主要以创新和适应新的环境为主，而不是强调不变。所以，作者认为，"活态保护"是最佳保护方式和原则，比其他方法更能贴近非物质文化遗产保护的独特性质。

3. 活态保护的原则

活态保护就是要充分考虑非物质文化遗产"活态流变性"的本质特征，以非物质文化遗产"活态"和"变化"特征作为理论依据和保护依据。"活态"的特性决定保护需要确保非物质文化遗产的传承，确保广大群众的参与，确保非物质文化遗产存活在当代。"变化"的特性决定保护要提倡创新，提倡发展。

活态保护指的是：针对非物质文化遗产活态流变性的特点，用可持续发展的眼光来看待非物质文化遗产的保护，注重以人为本，注重传承人的保护；注重文化空间的保护；重视遗产保护中的观念创新；重视立法和制度建设；重视资金投入和基础设施建设；重视全体公民的积极参与；注重在一定程度上进行开发和产业化。

非物质文化遗产活态保护又要遵循什么样的思路和原则进行呢？

第一，活态保护，要求我们保护的不仅仅是实物，更要注重人的保护。传承人是传承主体，非物质文化遗产保护一旦"人亡"就会"艺绝"。保护传承人是目前最为迫切的问题。

第二，活态保护的原则应该贯彻于保护的所有过程中。从展示、宣传、活动开展、立法等过程都应该注意到这一点。例如展览要注意到尽量采取实物展示和现场演示相结合，开展活动要注意让尽可能多的人参与到其中。

第三，有些遗产消失的必然性。非物质文化遗产的保护，目的是发展非物质文化遗产。保护的目的在于使其能够继续鲜活在民间，能够可持续发展，但是，我们不得不承认这么一个现实，人类创造的一切可移动物和不可移动物，包括个体人自身都在不断地消失之中。如果个体人不消失，地球早已站不下，如果人类的创造物不消失，地球也早已容不下了，只有不断消失，人类生活才能不断前进；只有新陈代谢，才能生生不息。这并不是说，我们就可以看到非物质文化遗产在消失，我们不去努力挽救，但是，如果随着历史的发展，有些遗产终究不能在现实生活中继续存在下去，成为博物馆中静静的历史，我们也大可不必慨叹"无可奈何花落去"。这只能说是历史的必然选择。

第四，正视非物质文化遗产的传承和创新。很多艺术、技艺、包括社会习俗都是一个不断创新和变化的过程，非物质文化遗产不同于古董，不同于自然遗产，也不同于物质遗产，这些遗产随着时间的推移会褪色，会老化，但是非物质文化遗产恰恰相反，他们要鲜活在人间，就必须有创新的精神，适应时代的变化。事实也证明，像昆曲等遗产也是在长久的历史过程中经历过改革和创新才能发展到现在的。

第五，创新不等于变异。真正的创新，是在不改变遗产的"原真性"和"完整性"的基础上进行的，这也是非物质文化遗产能否在当代甚至未来继续鲜活下去的决定性因素。目前有些政府部门，一些专家学者，以自己的观念，强加于非物质文化遗产发展传承过程中，刻意加以所谓的创新，刻意地融入一些现代化的因素，去取悦一些人的审美取向，这就扭曲了创新的真正内涵。

## 二、活态保护的核心要素

"活态保护"从其本质属性来看应把握它具有的再创造性的确认、核心价值的确立和当代文化建设系统工程的有机组成部分这三个关键点。对这三个关键点较为准确的把握是实施非物质文化遗产"活态保护"的核心要素。

首先，再创造性的确认是指对非物质文化遗产在变异中求得生存，在实践中获得发展的特点进行认知。与物质文化遗产不同，非物质文化遗产具有再创造性的特点，再创造性是表现在文化多样性中人的创造力。具备再创造性特点的非物质文化，是一种生长着的文化，会不断出现新形态、新现象。生长性是非物质文化遗产的最突出的特点。对于一种生长着的文化进行合理的保护，一个首要的条件是必须弄清楚它的生长要素，找出再创造点，以再创造点为基点进行吐故纳新的传承，从中展现人们的生命创造力，达到活态保护的目的。

其次，核心价值的确立是指非物质文化遗产在人类历史发展中具有的积极作用和功能。非物质文化遗产的价值主要表现在它的认同感、亲和力与凝聚力上；表现在所展现出的人类文化多样性上；表现在它体现出的文化基石的作用上。"非物质文化遗产形态尽管千姿百态，但它归根结底展现了一个民族赖以存在和发展的特有的生存方式、生活智慧、思维方式、想象力和文化意识，是民族精神的集中反映"。所以，科学地实施非物质文化遗产保护，是现代化国家张扬民族精神，独立自主可持续发展的必然的文化诉求。

最后，当代文化建设系统工程的有机组成部分是指确认非物质文化遗产在当代文化系统工程建设中的对整合和促进的作用。建设当代文化系统工程的目的之一，是要寻找当代社会经济和政治发展的内在动力，非物质文化遗产是来自民间的创造，其中包含着一个民族最伟大的原创力，传承这种原创力就会找到当代文化建设中必须具备的创造力；同时，丰富的非物质文化遗产，不仅构成了中华民族深厚的文化底蕴，也承载着中华民族文化渊源的基因，具有基因库的性质，它给当代文化建设系统工程提供源头活水。

活态保护的三个关键点环环相扣，层层相因。再创造性的确认是核心价值确立的前提，是非物质文化遗产成为当代文化建设系统工程有机组成部分的必要条件；核心价值的确立是再创造性的灵魂所在，是当代文化建设系统工程的建设依据；当代文化建设的系统工程是再创造性的表现，是核心价值的存在形式。

## 三、活态保护的基本原则

### （一）回归生活文化

非物质文化遗产源于民间，是下层民众在日常生活中创造出来的，是民众生活的一部分，非物质文化遗产中的语言、服装、器具制作工艺、各类建筑艺术等对民众生活有直接作用，非物质文化遗产中的习俗、神话、寓言、节庆等对民众生活有间接作用。非物质文化遗产具有实用性质，是生活样态的文化，只有在生活中它才呈现鲜活的生命力，离开民众的日常生活它就会衰落进而消亡。非物质文化遗产的这个特点使得在保护它的时候必须让它回归民众生活，成为民众生活的一个不可缺少的部分，这是非物质文化遗产保护的前提，也是非物质文化遗产活态保护的一个不可动摇的原则。

### （二）表达个性特征

非物质文化遗产植根于民众个体的自觉意识中，是民众个体内在的精神需求。不同的需求产生不同的文化，每个人都是在这共同的文化中成长起来的。因此它直接表达着各个民族的个性特征，最能体现各个民族的本质，是不同民族历史生命的记忆和独特生存的象征。我们也应该正视非物质文化遗产的传承和创新。很多艺术、技艺、包括社会习俗都是一个不断创新和变化的过程，非物质文化遗产不同于古董，不同于自然遗产，也不同于物质遗产，这些遗产随着时间的推移会褪色、会老化，但是非物质文化遗产恰恰相反，它们要鲜活地存留在人间，就必须有创新的精神，适应时代的变化。事实也证明，像昆曲、木卡姆艺术等遗产也是在长久的历史过程中经历过改革和创新才能发展到现在的。非物质文化遗产所表达的这种个性特征来源于民众的个体生活体验和生活要求，并从个体出发进而发展到大大小小的群体，最终成为不同族群的标识，个性特征的存留是产生非物质文化遗产的前提，因而在非物质文化遗产保护中实施的活态保护就需要将能否表达个性特征作为保护中必须遵守的原则。

### （三）突出多样性

非物质文化遗产的内容丰富多彩，从思想信仰、社会礼仪、文学艺术、求医问药到生产劳动的知识和实践，无所不包，换句话来说，凡是人们在生活中涉及的内容都有包含。而不同的民族，同一民族的不同地域又对这些内容有程度不同的表现，它们构成了文化的多样性。这种多样性对人类的发展来说至关重要，是人类社会可持续发展的源泉之一。突出多样性，毫无疑问是活态保护的又一原则。

### （四）展示创造力，但创新不等于完全变异

真正的创新，是在不改变遗产的"原真性"和"完整性"的基础上进行的，这也是非物质文化遗产能否在当代甚至未来继续鲜活下去的决定性因素。以自己的观念，强加于非物质文化遗产的发展传承过程，刻意地融入一些现代化的因素，刻意地加以所谓的创新，而去取悦部分人的审美取向，只会扭曲创新的真正内涵。非物质文化遗产是来自民间的创造，它充分展示了在人类社会发展中人所表现出来的无穷无尽的创造力，创造力推动着人类社会的发展，保护非物质文化遗产一个重要的目标就是要获取人的创造力，离开了获取非物质文化遗产中创造力这一目标，保护非物质文化遗产的重要性就会大打折扣。在保护过程中必须将非物质文化遗产中蕴涵的创造力充分予以展示，这将是非物质文化遗产保护中必须执行的原则。

## 第二节　非物质文化遗产活态化保护的可行性措施

通过缜密的理论分析，作者认为，非物质文化遗产的保护应该采取活态化保护思路，而且也完全可以进行活态化保护，事实证明，在其他国家特别是韩国进行的各项非物质文化遗产的活态保护措施，在总体上来说是相当成功的，获得了比较好的效果。

不过，我们还要考虑到我国现在非物质文化遗产存在和保护的现状来设身处地地考虑问题。首先，我国现在还处在非物质文化遗产保护意识普遍不强，保护理论知识相当欠

缺，法制建设很不完善，基础设施投入太少，各种活动开展还不热烈的初级保护阶段。保护非物质文化遗产不仅需要付出时间代价，更需要付出物质代价，才能实现我们追求精神享受的目标，然后才是精神反过来促进经济发展的一个过程。韩国非物质文化遗产达到理想状态付出了四十多年的时间代价，我们不知道能不能比他们更快，但是至少也说明肯定需要一定的时间。其次，我们国家地广人多，非物质文化遗产不计其数，有很多遗产到现在还没被发现或没有被记录和整理，保护难度相当大。这些基本情况和事实也是我们制定制度和措施必须加以考虑的因素。

所以说，在初级阶段，应该是政府的责任重于泰山的时期，在这一过程中，包括宣传教育、法制建设、资金投入、活动的开展等各项措施都应该是政府不可推卸的责任，从目前来说，保护非物质文化遗产应该是属于投入期，而非回报期，这需要我们国家全体上下一心，坚持不懈地进行下去。另外，还要形成一种意识，仅仅靠政府投入是不够的，还要想办法探讨非物质文化遗产自身的发展空间和自立自强的能力。

这一个时期我们应该建立完善的法制，进行广泛的宣传和教育，大力举办各种活动，加大各项资金投入和基础设施建设，为我们接下来进行活态化保护奠定深厚的基础。我们也还要积极探讨对非物质文化遗产进行适当开发和增强遗产活力的问题。在这一时期，我们更要加强理论研究和实际操作的科学化，以期能够更好地利用资源，减少浪费。

非物质文化遗产保护是一场一个人打不赢的战争，只有全社会所有人不断地学习和精诚合作，唤起每个人的民族责任心，这场战争才能无往不胜。

## 一、提高认识，培养保护意识

有人说"一杯牛奶可以强壮一个民族的体魄"，那么我们也可以说"一种好的意识状态的形成可以塑造一个民族的灵魂"。目前非物质文化遗产保护的当务之急，就是呼唤起广大中国人那颗对非物质文化遗产热爱的心，通过宣传非物质文化遗产保护的重要性，通过一些好的活动的开展，通过各种形式的法律法规的宣传，通过非物质文化遗产的民间表演，民间展示等各种措施，提高他们对非物质文化遗产的认识，并提高人们非物质文化遗产的保护素养和保护水平。

可以说目前我国绝大多数人都有必要进一步学习和培养保护意识。我们应该建立起从上到下都重视非物质文化遗产的理想体系。

### （一）提高保护主体的保护意识和管理水平

保护主体的认识水平和保护意识在很大程度上决定非物质文化遗产保护工作的成败，国家应该通过教育和培训等各种方式，组织相关保护主体进行学习，提高非物质文化遗产保护方面的理论素养，提高保护主体对非物质文化遗产保护认识的深度和广度，提高保护主体的专业水平。

保护主体主要是政府部门工作人员、专家学者、社会相关爱好者还有一些想要从事非物质文化遗产产业的商人。

首先，政府部门高级文化工作者和各级保护部门工作者应该在意识上对非物质文化遗产的保护工作给以高度的重视，并定期进行学习。包括相关的法律法规的学习，相关保护理论的学习，以确保制定政策的科学性和可实践性，并确保各项工作贯彻的坚定性和提高工作效率。

其次，充分发挥高校资源，提高高校学者的保护积极性和理论研究积极性，通过相关课题的设立，进一步深入实际，进行实地调查，并定期举行学术探讨，加强对非物质文化遗产保护的理论研究，从而为政府部门工作者和非物质文化遗产保护的其他主体提供理论依据。

最后，要培养想要进入非物质文化遗产产业化行业的商人的保护意识，组织他们学习相关法律法规，学习理论知识，要确立他们进行商业运作的维度，以确保非物质文化遗产的产业化开发不影响遗产的性质和原真性。

## （二）提高传承者的保护意识和保护水平

对非物质文化遗产技艺传承者的保护意识培养，主要是要提高他们对传承技艺的重视程度，以及适当地培养他们的经营意识和自力更生意识。

首先，必须让他们在内心深处对遗产的传承引起高度的重视，增强传承意识。对一些已经认定的珍稀文化遗产，特别是已经列入了我国"非物质文化遗产保护名录"的遗产，遗产所有人必须要制定相关的计划进行传承。要让他们认识到，非物质文化遗产不仅仅是他们的私人财产，还是国家的财产，并且是全人类的财产，将传承活动提高到一定的思想境界。

所以，要通过培养和学习，增强他们进行文化传承的自觉意识，改变过去那种固守秘密，其技艺、技术只在本家族内传承的狭隘做法，扩大带徒传授的范围，要千方百计把愿意学、有灵气的年轻人聚集在自己的周围，培养出更多的合格继承人，使其技艺、技术能传承发展、弘扬光大。目前我国已有一些老艺人在北京开办"家庭艺术馆"包括面人艺人张宝琳，剪纸艺人刘韧，制作鬃人艺人白大成等，这些老艺人展示极为丰富的个人创作作品和自己的收藏，不但有作品，还有相关的文化内涵、成语故事，立意等方面的说明，还有现场演示手艺绝活，在扩大工艺美术的同时，也使许多年轻人对这些艺术产生了浓厚的兴趣，其中有些年轻人从喜爱到钟爱，想拜师学艺，成为民间新一代的传人，这种做法很值得宣传和推广。

其次，要培养遗产所有者的创新意识。

传承人的任务不仅是带徒授艺，还要不断学习，改进技艺，进行创新。所有传统民间艺术都有一个能否表现当代生活的问题。许多艺术样式因为过不了这一关，不被现在的人所欣赏，以致退出历史舞台而成为躺在博物馆里面静态的标本，或者是单纯依靠政府出于长远考虑来拨款供养。

非物质文化遗产的活态性特性就决定了非物质文化遗产是不断变化和创新的。所谓遗产创新就是指遗产能够适应不断变化的客观环境，具有创造性转化的生机，从而对现实产生重要影响。遗产创新是遗产可持续发展的源头活水。遗产继承是积累和量变，遗产创新是飞跃和质变，前者联系着过去，后者沟通着未来，他们都成了遗产形成与延续的内在矛盾。植根于文化遗产的先进文化就像有源之水、有本之木，既有遗产继承的连续性，又有遗产创新的生命力。相反，割裂遗产继承和创新的关系，就会在社会实践中使遗产陷入两种困境：僵化保守与终端消亡。

最后，鼓励遗产所有者自力更生，积极走向市场，这需要政府在一定程度上为他们进行一定的经营意识和管理水平的培养，以便更好地发挥遗产应有的效用。

## （三）提高普通民众对非物质文化遗产的保护意识

非物质文化遗产保护是一项艰苦卓绝的工作，需要全体公民的共同努力，特别是普通群众的努力。

要提高全体公民的保护意识主要是通过各种形式的宣传和各类活动的开展。首先，各级保护部门可以通过组织各种活动，加强非物质文化遗产的法律法规宣传，进行重要性宣传；可以通过举办民族文化特色之乡，文化遗产日等活动增强人们的保护意识；可以在一些街道成立非物质文化遗产爱好小组，鼓励人们积极参与学习；可以采取政府买单，送节目下街区，下农村的活动，增多非物质文化遗产与老百姓面对面的机会。总之，就是要通过各类活动，让"保护"进入人们的日常生活，在全社会形成一种爱护、保护非物质文化遗产的风气，使每一位公民特别是祖国的未来青少年群体，都能为中华民族拥有如此丰富多彩的文化遗产而自豪，从而自觉地珍惜它。

其次，充分发挥媒体资源在非物质文化遗产保护进程中的宣传功能。利用媒体进行宣传一方面可以在很大程度上节约资源，另一方面是因为媒体宣传效果好，传播速度快。媒体在宣传时可以采取专栏、聚焦、纪录片、人物采访、比赛等多种形式进行。

我国 2006 年的青歌赛增加了"原生态组"的比赛就起到了很好的宣传"原生态"歌曲的效果，提高了各方人士保护和发扬"原生态"歌曲的热情。这次比赛，大大提高了

"原生态"歌曲的知名度，还给"原生态"歌手带来了经济效益，比赛结束后，台湾、香港几家电视台，通过央视看到原生态唱法比赛成功，连夜向组委会打来电话，盛情邀请获奖的原生态唱法前 10 名歌手在 2007 年春节，去台湾、香港献艺唱歌。比赛过程中，张学友、陈奕迅等大牌歌手的老板许智伟、洪迪个人出资 8 万，在位于情歌故乡康定的甘孜州群艺馆建一个录音棚，推动当地民族音乐发展，并表示"希望我们两人能起一个带动作用，让社会上更多的人投入到推动少数民族音乐事业的发展中来"。最为重要的是，这一活动让"歌手们"产生了强烈的民族文化自豪感，让那里的人们更加喜爱自己的文化。歌手们通过青歌赛、通过这些所得，意识到本民族文化对外交流的平台是敞开的、平等的，而且还很有可能改变他们的未来。在这里，他们找到了"自信"，有对自身价值的自信，更有对自身传载的传统音乐文化的自信。与此同时，这些参赛的歌手也成为当地其他青年人心目中的"英雄""榜样"，而榜样的力量是无穷的。在比赛结束后，回到松潘家里的羌族多声部小伙子仁青、格洛受到了家乡人隆重的欢迎，还没到家，路上就有人放鞭炮，乡里还摆了酒席为他们庆功……他们村子里不少年轻人在节目播出时不停地给导演和制作组打电话，也想参加青歌赛，展示自己的歌喉。这种自信以及榜样效应，让年轻人自觉地回归到本民族的传统中去，寻找、保护消失中的天籁歌声。

由此可见，媒体参与保护工作的宣传，只要方式得当，是能够起到很好的效果的，媒体也应该担当起重任，成为将来宣传非物质文化遗产的一个重要平台。

最后，通过博物馆、会展、风情园等各种形式进行非物质文化遗产展示也是一种非常有效的宣传教育方式，只要运作得当，静态展示物质载体、相关作品与动态的现场演示、讲解、播放纪录片等形式完美结合，肯定能达到比较理想的宣传效果。在运作过程中，不但要发挥国立展览馆、博物馆、群艺馆、文化馆的作用，充分利用资源，还可以鼓励非物质文化遗产所有者开办私人展馆。

## 二、加强立法，提供保护依据

非物质文化遗产是不可再生的珍贵的文化资源，对他们的保护，是一项长期而艰苦的系统工程，需要一代一代做下去。要实施好这项工程，仅有应急性措施是远远不够的，必须有坚实的法律和政策的规约和保障。目前我国立法工作主要是宏观性的，作者认为，仅靠宏观性的立法是不行的，各类非物质文化遗产的单项立法也必不可少，法律要尽量细化，确保各方主体的法律地位和法律责任，以便于保护的科学性和有效性，也为破坏非物质文化遗产发展的不法行为提供惩罚依据，使非物质文化遗产的各个环节都有法可依。

## （一）立法保障非物质文化遗产的地位

用法律保障非物质文化遗产的地位。政府的宏观调节在非物质文化遗产的保护初级阶段是极为重要的。这一阶段，我们应该加快遗产的认定和评定工作，确定相关非物质文化遗产的法律地位，提出细致的保护措施，不但要制定整体保护思维，还要确定各项保护工作的工作细则，并对危害非物质文化遗产保护的种种行为采取法律惩罚。日本的能乐振兴就是极为有力的说明。日本的能乐在明治维新后，曾经一蹶不振，关东大地震以及二战失败都沉重地打击了能乐的生存发展。1950 年，日本政府成立文化财保护委员会，一直惨淡经营的能乐于 1957 年被指定为重要的无形文化遗产，确定了其法律地位，之后作为古典艺能受到政府的保护和支持。各地纷纷采取相关措施。能乐在精心、优厚的保护下，不仅在日本国内枝繁叶茂，而且成为受到世界公认的古典艺术。

## （二）立法保障传承人的地位

传承人是非物质文化遗产活态保护的核心和关键因素。立法一定要保障传承人的法律地位，给予荣誉称号是必须的。可以借鉴日本或者韩国的做法，授予非物质文化遗产人类似"人间国宝"的荣誉称号。

对传承人的立法保护应该包括：传承人的认定、传承人的权力，传承人应尽到的义务和责任。

很多非物质文化遗产所有者以前是依靠技艺和手艺谋生，但是随着时间的推移，已经失去了市场，这些传人仅靠手艺已经到了难以维持生计的地步。国家应该赶快大范围内进行非物质文化遗产的认定工作，对于已经认定的优秀非物质文化遗产优秀传承者和所有者进行经济方面的保护和资助。为他们提供基本生活费，为他们提供社会医疗、社会福利等保障，还要为传承人传承活动提供传承条件，如场地等。这些在非物质文化遗产保护法中应有明文规定。另一方面，法律还必须规定传承人的义务和责任，规定被认定的传承人定期到学校授艺，制定遗产发展计划等等。如果杰出传承人不参与培养新的接班人，就取消其荣誉，以及与此有关的奖励和国家提供的福利。

## （三）立法明确各方保护主体的责任和义务

非物质文化遗产的保护主体是指富有保护责任、从事保护工作的政府相应机构、团体和社会有关部门及个人，非物质文化遗产种类繁多，数目浩大，地域分布极广，要做到有效保护，就必须按照法律，明确各方保护主体的责任和义务，对于没尽到职责，或者因为保护不得当造成非物质文化遗产不良发展的现象要有相应的问责体制，对于相关监督体系，执法部门也要明确职责，严格执法。这样可以避免因为政出多门的互相推诿、效率低下的现象出现。

（四）立法要保证时效性、科学性

立法部门应该明白非物质文化遗产的保护立法是在和时间赛跑，因为每一分钟，我们的非物质文化遗产都在流失，所以我们要讲究立法的效率，由于非物质文化遗产的立法还处于初级阶段，我们随时都可能遇到新的情况，所以，立法者还要随时关注现状，不断完善已有法律或者制定新的法律。

立法不但要求快速，高效，还应该有高质量，讲究科学性。政府在制定一些指导性文件的时候，就应该考虑得更周全，包括非物质文化遗产价值评定、发展措施等等各个方面，都要具有理论上的前瞻性，从长远发展的角度来看问题，可以少走弯路，避免不必要的损失。这就要求在制定法律的过程中，进行精深的理论研究，具备一定的预见能力，所以在制定过程中应该多方采纳专家学者的建议和采取投票、听证、大量调查的方式听取民意，综合各家之言，借鉴国内外经验、结合国内保护实际制定科学可行的法律。

### 三、筹措资金，提供物质支持

长期以来，由于缺少足够的经济支持，许多重要的非物质文化遗产得不到及时的抢救和必要的保护而处于濒临消亡的境地。据一些地方报告，早年收集的档案材料有些已经开始发黄霉变，录音、录像带也有一些报废，有些单位原计划要抢救老一辈表演艺术、演唱艺术、传统行当的脸谱艺术等，都因为没有经费而无法实施，为一分钱而英雄气短的现象大量存在。此外，建立国家文化艺术馆，增设地方文化艺术档案馆、博物馆也是必不可少的基础设施建设，这些建设也需要大量资金。国家设法加大各项投入刻不容缓。这些基金的投入量特别大，对于国家财政和各级地方政府确实存在一定的压力，但是，保护初期的特点决定了现在属于大量投入期。如果没有投入，没有基金保障和各项物质支持，非物质文化遗产保护工作势必寸步难行。

所以，国家应设立抢救与保护非物质文化遗产保护专项资金，用于资助非物质文化遗产的普查、采录、保护、教学、研究、传播、出版、资助培养传承人和进行基础公益项目设施建设，并积极举办各类活动。

资金的来源应该是多渠道的，现阶段主要是来源于政府财政收入，在这一基础上，还应该拓宽资金筹措思维，如动员社会各界赞助，建立非物质文化遗产保护基金会、吸纳企业的赞助；考虑从与民俗文化有关的经济收入中提取适当比例，用来作为非物质文化遗产保护与发展基金；吸引商人来进行非物质文化遗产开发的投资，对这些从事和投资于非物质文化遗产保护的商人、企业、个人，可以适当地在税收等方面给以一定程度上的优惠，以便鼓励他们更进一步地来关注非物质文化遗产的保护和发展；适当放活一些机构，如博物馆、艺术馆等，让其充分利用资源，积极举办活动和展览，增加收入，这些收入再用来进行非物质文化遗产保护工作。

## 四、适当开设课程，提供培训

当传统的传承方式在市场经济条件下遇到价值趋向的冲击时，教育培训就成了传承和弘扬民族民间文化艺术最为有效的方式。我们应该充分发挥各类学校在保护非物质文化遗产中的积极作用。

目前，教育部和中宣部已启动了一个保护中国优秀传统文化的项目，把每年9月份定为"传承月"，目的就是在中小学中开展非物质文化遗产的教育普及工作。如何把非物质文化遗产教育引入高校教学体系中，如今也引起了许多高校的关注与重视。2002年10月22日至23日，由联合国教科文组织亚太地区机构和国家教育部主办、中央美术学院非物质文化遗产研究中心承办的"中国高等院校首届非物质文化遗产教育教学研讨会"在京举行。在这次会议中，与会代表着重探讨了非物质文化遗产与当代高等艺术教育的话题，着力解决的问题就是怎样把非物质文化遗产教育引入高校教学体系中，合理设置相关课程等。这些有益的探讨，将促进非物质文化资源引入高等教育教学体系中，预示着与文化遗产相关的新学科将会诞生，预示着多元文化在大学教育的实现。

2002年中央美术院校在国内高校率先创建并完善以非物质文化遗产为主旨的新学科——民间美术，将其作为人类文化遗产正式系统地列入大学艺术教育，填补了学院派教育中长期忽视民间文化艺术认知教育空白，也将在非物质文化遗产传承保护、研究、社区文化发展以及专门人才培训等方面发挥重要的历史作用。

我们认为，非物质文化遗产的教育范围和思路还可以尽量拓宽，首先，不仅仅局限于大学艺术系和艺术院校的教育体系，还可以拓宽大学艺术系以外的系，以及艺术院校以外的院校，可以拓宽到中小学，特别是小学。其次，教育和组织方式可以多样化。如定期请非物质文化遗产传人来学校表演技艺、传授技艺、观看演出、参与实践、观看纪录片，定期组织学生参观非物质文化遗产展览或者组织一些竞赛，如剪纸竞赛、唱儿歌比赛、放风筝比赛、端午还可以组织包粽子比赛等等。对大学而言，除了要在所有学校开设普及性的公共课程，还要注意培养非物质文化遗产保护、传承、研究、管理、开发的专门人才，充分发挥大学教育在社会转型期对非物质文化遗产保护方面的重要作用。最后教育对象也可以尽量拓宽，非物质文化遗产教育的参与对象应该包括一切愿意来传承遗产的社会人员，各类学生，以及所有保护主体中的工作人员、研究人员、开发人员等等，可以充分利用各方资源，探索以产、官、学、研的科研操作理念，实现科研社会参与和新型专业人才的培养。

## 五、适当开发，增强遗产活力

非物质文化遗产的保护和发展的初级阶段，势必要政府进行大量的投入，特别是资金，可是长此以往，我们国家这么多的非物质文化遗产，全部要政府来补助，难度是相当大的，也是不可能的。

非物质文化遗产要真正地可持续发展，获得永久的生命力，最终还是要靠非物质文化遗产本身能够发展起来。非物质文化遗产不能在政府的襁褓下永久地生存下去，而应该努力地自力更生。要实现这一点，就必须增强非物质文化遗产的生存和适应能力，适当地进行产业化开发，将非物质文化遗产中有转化条件的文化资源转化成为文化资本、转化为文化生产力，带来经济效益，才会为非物质文化遗产带来持久的、有深厚基础的传承。这也是非物质文化遗产发展所要达到的理想的状态，保护是为了发展，发展是为了更好地保护。

国家应该允许对非物质文化遗产进行一些合理的利用和开发，也应该鼓励社会各界以及非物质文化遗产拥有者对非物质文化遗产进行产业化运作。当然，在利用和开发非物质文化遗产的时候，也许会使得非物质文化遗产出现一定的变化，但是只要其核心元素仍然没有变，从非物质文化遗产的活态流变性特点来看，就是正常的。

进行产业化要根据不同的非物质文化遗产进行分类操作，如隆重的节日庆祝、民族风俗可以与旅游相结合，手工艺非物质文化遗产则可以制作成各种各样的精致纪念品，表演艺术则可以循环演出，只是在开发的过程中，旅游一定要注意慎重地选择旅游点并侧重突出最具民族特色的内容。工艺品要注重技艺的精益求精，追求质量。演出类活动要追求品牌效应，保证其原汁原味和原生态。

对非物质文化遗产进行合理开发，已被证明是行之有效的保存方法。1984 年至 2021 年，山东潍坊成功举办了 39 届国际风筝会，引进了外资千余家，有力地推动了当地社会、经济、文化、商业的全面发展。

广西壮族自治区积极开发和利用民间艺术，促成了旅游地经济文化的可持续发展。"自从'三月三'传统歌节成为'广西国际民歌节'后，壮族民歌就打出了'国际牌'——在海内外'以歌传情、以歌会友、以歌促商'，这不仅促进了国际文化交流，而且促进了广西经济的发展。"

面塑艺人张登民父子，一年背着行囊走南闯北，靠着手艺养家糊口，还修上了小洋楼，他们准备开一个面塑馆，将这门艺术发扬光大。试想如果没有市场，不能解决温饱问题，他们就是想要发扬光大，也会心有余而力不足。市场需要是他们能够发扬文化传统的前提和动力。

大型原生态舞蹈《云南映象》因为其节目的高素质、高品位、高度的原汁原味性，已在国内的 25 个省、自治区、直辖市，32 座大城市以及巴西、阿根廷、美国演出 612 场，行程近 10 万公里，观众达 62 万人次，演出收入 3000 多万元，几乎在每个城市都引起轰动性效益。

类似的例子比比皆是，非物质文化遗产保护并非是一项只有投入没有回报的工作，保护过程中，非物质文化遗产不但给了我们无穷的精神享受，适当地开发，还能给我们的经济带来很大的促进，从而真正实现多数文化工作者心目中的美好蓝图：经济的发展促进了人们对人文资源的认识，反过来，对人文资源的认识也将促进人们对经济发展的更深一步的认识。开发和利用人文资源不仅能产生新的人文精神，同时也能创造新的经济价值，因为现在的人们不仅需要丰富的物质享受，也需要高尚的精神享受。

非物质文化遗产的本来名字并不叫"遗产"，而是民族民间文化，只是不得已，我们将濒临灭绝的它们叫做遗产，我们应该将为其脱掉"遗产"之帽成为我们未来努力的方向。

非物质文化遗产的保护是一场需要全国人民共同努力的战争，我们只有通过上述种种活态保护措施，才能让人们认识它，重视它，传承它，发扬它，开发它，才会让它们成为真正的活态文化，繁荣和发展在民间。

# 第五章 地域民俗非物质文化遗产活态化保护实践探索

## 第一节 非物质文化遗产活态化保护实践——文化空间

### 一、非遗保护的本土化变迁

中国民族民间文化保护工程吹响了非物质文化遗产保护的前奏曲，与非遗保护一脉相连，前后承续。中国民族民间文化保护工程是文化部、财政部联合国家民委、中国文联于2003年初启动的一项由政府组织实施推动，对我国珍贵、濒危并具有历史、文化和科学价值的民族民间传统文化进行有效保护的系统工程，为创建有中国特色的非物质文化遗产保护制度奠定了基础。"保护工程"以非物质文化遗产为普查对象，其主要实施的内容包括全面普查非物质文化遗产现状，真实、科学、多方位地记录与整理濒危的非物质文化资源，实现系统的动态保护等。"保护工程"从研究对象、工作目标及具体举措等方面与非物质文化遗产都紧密相关，在起步阶段，"保护工程"成为非遗工作宝贵的经验来源。为促进传统文化事业的发展，中国民间文艺家协会从80年代末开始"民间文艺之乡"命名工作。最初命名范围狭窄、随意性大、缺乏系统的规划，1987年后，工作范围由单一转向全面，内容丰富。中国民协的命名工作授予民间保护自我文化的权力，使独具特色的文化资源得到有效的整合与保护，为其空间式、全面性的保护奠定了基础。此举有效地推动了文化遗产的抢救，激发了人们对本土文化、民族文化的热爱，对地区经济、文化产业发展具有促进作用。建立民间文艺之乡，是我们走进文化结构的一种深层的文化行为，是走进中华民族文化心理的一种探索性文化发现，是挖掘、抢救和保护各民族民间文化的最好方式，是立体保护文化、贮存文化、建立文化园区等综合文化工程的重要举措。

非物质文化遗产保护、中国民族民间文化保护工程、"民间文艺之乡"命名这三项工程，它们在保护对象、宗旨及实践举措上呈现为内隐的一致性，在中国非遗保护的探索期积累了厚实的本土经验。从对象及宗旨看，"民间文艺之乡"的命名活动早于非遗保护工作，最初的命名范围有较大的局限性，主要聚焦于民间文学等特定类别。非物质文化遗产概念的引入，开拓了"民间文艺之乡"的命名范围。三项文化保护工程都致力于抢救、保存具有民族文化特色、历史文化价值、濒危的民族文化遗产，试图在现代化进程中保留民族的文化根脉，守护民众的精神家园，其内在的价值取向与认知具有高度的契合性。但其对象仍有区别，民族民间文化保护工程与非遗保护工作的对象是从本土资源出发，以国际通行的类型划分为模式，而"民间文艺之乡"的保护以地域为对象，重点发掘、整合、保护具有区域特色的代表性文化资源，更具整体性与空间性。"民间文艺之乡"的命名凸显了区域的空间特性，民族民间文化保护工程与非遗保护的空间观念则散现于具体的制度之中。民族民间文化保护工程就保护方式提出"在非物质文化遗产具有可持续发展条件的地区，有选择地建立非物质文化遗产生态保护区"。关于区域的空间保护，三项保护工程互相联系，紧密相关，各有侧重。

非遗保护工程及其产生的意义，需要放置在本土非遗保护的整体历史中，在非遗工程与本土实践的关联性中加以考察，只有这样，才能获得对该工程更加全面和准确的认识。随着非遗保护运动的扩展，中国政府积极进行文化空间构建的试点工作，热烈响应联合国教科文组织的号召，将国际前沿理论方法与中国本土实践经验相结合，稳步推动我国非遗保护工作的进程。

## 二、非遗视域下的"文化空间"认知

文化空间是指代非物质文化遗产形态与类型的专有名词。联合国教科文组织的许多文件都多次重申文化空间的内涵与意义。2003年，《保护非物质文化遗产公约》在对非物质文化遗产做出概念厘定时，就涉及文化空间的概念。"'非物质文化遗产'指被各社区、群体，有时是个人，视为其文化遗产组成部分的各种社会实践、观念表述、表现形式、知识、技能以及相关的工具、实物、手工艺品和文化场所。"联合国教科文组织文化官员埃德蒙·木卡拉则对文化空间提出更具体的阐释，既表现为空间性，某一民间传统文化活动的特定区域，也具有时间性，某一事件展演的固定时间。国内学者结合非物质文化遗产的工作经验及实践需求，也从不同的角度对文化空间做出了解释。陈虹在《试谈文化空间的概念与内涵》一文中提出文化空间是人的特定活动方式的空间和共同的文化氛围，即定期举行传统文化活动或集中展现传统文化表现形式的场所，兼具空间性、实践性、文化性。乌丙安指出：凡是按照民间约定俗成的古老习惯确定的时间和固定的场所举行传统的大型综合性的民族、民间文化活动，就是非物质文化遗产的文化空间形式。向云驹则主张：它既有一定的物化的形式（地点、建筑、场所、实物、器物等），也有人类的周期性的行为、聚会、演示，而且这种时令性、周期性、季节性、时间性的文化扮演和重复反复，才是一种独特的文化空间或文化形式。

从官方文件定义到学者的专业讨论，主体性、空间性、时间性、文化性是人们认同的文化空间的主要特征。第一方面，主体性指非物质文化遗产是集体或个人所熟悉、具有相似或相近理解的生活文化，是以人的在场为媒介，转化为文化符号或物化为某种形态而展现出来。第二方面，空间性是文化空间的基本属性，包括物质空间与认知空间。物质空间指民间的文化活动得以生成、流传、展演的活动空间，具有明确的地域界限及实有的可视形态，与群体的生活地域相关联。认知空间，也是主体性的另一种表征，是文化接受、传承的话语空间。非物质文化遗产正是因其成为民众社会构成的重要因素，达成不言而喻的共识，因而得以代代传承。第三方面，时间性是文化空间的另一重要属性，以时间为纵向线索，呈现为某种连续的状态，在某一时间点重复一系列的文化活动，并与空间相互叠加，构筑成一个完整的文化空间。第四方面，文化性即文化空间的活动形式。文化空间具象为某种综合文化活动，其内部的文化元素具有不可分割的整体性，表达其蕴含的文化意义。非物质文化遗产有其自己的生命轨迹，遵循其自身演变法则，不将其固定在某个时空节点，才能使其在整体的活态保护中代代传承，焕发生机。

### 三、非遗保护的多元性转换

在非遗保护中出现这样一个悖论，即西方各国的遗产保护运动从一开始便确立了政府在遗产保护中的主导地位，凸显了遗产保护的意识形态和权力话语，而忽略了遗产的原初主体的作用和影响。我国政府也规定了"政府主导，社会参与"的基本原则和立场。当前的非遗保护遵循着一种自上而下的模式，以政府为中心，通过政策上的制度导向，经济上的财政支持，法律上的强制管理，结合专业人士的规划设计，以国际化的标准为参考，试图与联合国教科文组织制定的规则相协调，最终通过进入地方、国家、世界非遗名录而实现抢救濒危非物质文化遗产的目标。这就导致了文化享有者的失语现象，淡化了文化享有者与非物质文化遗产的情感依附性。

在全球非遗保护浪潮中，我国政府保护工作的重心在于政府主导，但实践经验却表明，政府主导演变为政府包揽，政府掌握了主要的文化管理权利，使非官方的力量难以充分地参与到这场文化保护运动中。因此，政府需要转变自身定位，创建一个得以上下交流，共同参与的空间，使非物质文化遗产工作从根本上得到可持续的发展。政府定位是国家所有制的定位，但政府却不能出任国民保护非遗的替代者。文化空间保护是基于非物质文化遗产特性而提出的一种保护方式。文化空间本质上是自然空间的人化产物，是人类本我意识的外在表现，它为实现文化持有者的主观能动性、自由创造能力提供了可能性。这是一个多元主体参与的协同保护，在这一空间内不同的参与者都有各自的立场与行使自己权利的自主性，因此需要各参与者对自我身份有一个清醒的认识，协调彼此的矛盾，共同推进非物质文化遗产保护的进程。

我国很多非物质文化遗产共享性很强，其类型丰富，难以用国家一元化的标准去统一。非物质文化遗产的传承人往往因国家认定以及资金问题发生矛盾，导致传承秩序混乱。对于我国的非遗保护来说，要在保护国家一元文化权力的同时，兼顾文化权利多样性的现实。文化空间的建构符合非物质文化遗产自身特性与现实情况，在政府发挥一元文化权利的同时，使非物质文化遗产在国家话语的框架中，获得自我发展、自我规划的机会，建构一种公共的非遗保护系统。在当下流行的遗产运动中，今后的遗产保护要在"自上而下"进行的同时，更要注重激发地方性主体自觉的保护意识，由被动保护发展为主动保护，从而实现保护文化遗产的整体性和真实性，以及遗产的多样性和独特性的目标。文化空间保护为政府、地方文化工作者、民众提供了一个协同沟通的平台，推动政府的一元性保护转为多元性主体的全面参与，让空间的人文价值得以增强，有利于避免空间异化问题。事实证明，一旦忽视文化享有者的情感需求，就阻碍了非物质文化遗产社会化、人文化的现代性转换，保护的空间形态也必然是死气沉沉，难以维系。文化空间保护要将主体的生产生活需求、情感文化认同包含其中，调和人的现代化发展要求与非物质文化遗产保护的矛盾，使民众能在空间中诗意地栖居。

### 四、羌族文化空间及其活态化保护

羌族非物质文化遗产文化空间形式主要就是按照羌族约定俗成的古老习惯所确定的时间、在相对固定的场所举行的传统大型综合性民间文化活动，这种活动主要是重要节庆、节事活动。向云驹认为文化空间具有自然及文化两种属性，其自然属性的表现形式为文化广场、广场文化、宗教场所、古村落、海岛、集镇中心、庙宇寺观教堂、神山、圣山、湖泊等；其文化属性的表现形态为岁时性的民间节日、神圣的宗教聚会纪念日、周期性的民间集贸市场、季节性的情爱交流场所、娱乐性的歌会舞节、盛大的祭祀礼仪及其场所、族群的各种独特文化、独特的历史传统等。在此基础上，结合非物质文化遗产文化空间"活动说"定义以及羌区非物质文化遗产的实际情况，我们可以认为羌族非物质文化遗产文化空间应该包括传统综合性民间文化活动及展现传统综合性民间文化活动的场所。

#### （一）保护羌族非物质文化遗产文化空间的重要性

我们认为在保护羌族非物质文化遗产中保护文化空间是最为有效的。一方面，羌族节庆、节事活动集口头文化、造型技艺等文化遗产于一体，对它进行保护从一定程度来说就是对整个羌族非物质文化遗产进行整体上的保护，而整体性保护则是非物质文化遗产保护中的重要原则；另一方面，非物质文化遗产保护最终都要落实到具体的文化传承人身上，而对羌族节庆、节事活动的整理、挖掘以及一定程度上的市场化开发，不但为传统文化传承人提供了学习氛围与机会，还能使他们从中获得一定的经济收益，从而激发他们传承民族文化的积极性，从根本上解决了传承濒危羌文化遗产的内在动力。

### （二）羌族非物质文化遗产文化空间的保护

#### 1. 文化空间的保护对象

羌族非物质文化遗产文化空间包括传统综合性民间文化活动及展现传统综合性民间文化活动的场所。谈到对文化空间的保护显然要从这两方面入手。组成羌族传统节庆、节事活动的重要文化元素，如神话、传说、舞蹈、杂技、释比技艺等，其载体主要是活态的"文化传承人"，因此保护节庆、节事活动最终还要追溯到对"文化传承人"的保护。故羌族非物质文化遗产文化空间的保护对象就是"文化传承人"以及展现传统综合性民间文化活动的"场所"。

#### 2. 文化空间保护的三大原则

在明确了羌族非物质文化遗产文化空间的保护对象后还要对其保护原则做一定的探讨。从某种意义上来说，羌族非物质文化遗产文化空间的保护就是稳定其某种传统状态特征，保持其特色。因此，结合其特征，我们认为羌族非物质文化遗产文化空间的保护至少应该遵循以下三大原则。

（1）整体性原则。非物质文化遗产的产生是在特定的自然生态环境下，人类集体共同创造完成的结果。因此，在保护羌族非物质文化遗产文化空间的过程中，不能只看到该事象本身，还要注意到孕育它的自然生态环境以及创造它的社会群体。羌族非物质文化遗产文化空间保护对象之一的"场所"正是这里所说的"自然生态环境"最主要的部分。羌族非物质文化遗产文化空间保护对象之二的"文化传承人"，正是创造组成文化空间的各类文化的创作主体与传承主体。

（2）以人为本原则。从根本意义上说，无形文化遗产的保护，首先应该是对创造、享有和传承者的保护，同时也特别依赖创造、享有和传承这一遗产的群体对这一遗产的确实有效的保护。这一论断中，作者强调对文化遗产"创造者""享有者"及"传承者"利益的保护实际就是"以人为本"的体现。但有一些地区在开展羌族传统节庆、节事活动时，容易把它当作一种任务强加于村寨社区，而社区村民的现实需求与选择则得不到充分的尊重，社区居民作为文化遗产的"创造者""享有者"及"传承者"甚至有时候在经济利益上得不到保障。因此，在运作羌族传统节庆、节事活动过程中，迫切需要在以人为本原则的指导下来协调保护、开发工作与社区居民的利益。

（3）本土性原则。非物质文化遗产的产生、发展以及传承是以本土自然生态、人文环境为基础的，正如张博指出："橘逾淮而北为枳，此地气然也，任何一种非物质文化遗产，其创生与传承都与特定的环境休戚相关，因环境而生、因环境而传、因环境而变、因环境而衰。这种'地气'环境反映在非物质文化遗产的文化空间中就是它的本土性，也就是它的本土环境。"对羌族节庆、节事活动的保护应该遵循"在当时、在当地"的本土性保护原则，不能把它们机械地移入异地进行过度商业化开发来进行所谓的保护。

3. 对羌族文化空间保护的几点建议

关于羌族非物质文化遗产的保护，最重要的就是建立羌文化研究、保护、传承机构（中国羌学研究中心及中国羌族非物质文化遗产保护中心）以及开展强有力的羌族非物质文化遗产传承人保护工作（文化传承人普查、传承人数据库建立、传承人薪酬制度）。由于文化空间保护是羌族非物质文化遗产保护工程的重要组成部分，它们的保护政策在很大程度上具有重合性。因此，为了更具有针对性，我们现仅对目前羌族非物质文化遗产文化空间保护中所反映的突出问题来谈几点建议。

（1）羌学研究机构应该重视文化空间的研究。关于羌族非物质文化遗产文化空间的主要形式，如祭山会、羌年节、瓦尔俄足节、俄苴节等知名度较大，前人研究相对较多，而关于羌族三月三、青苗会、巧牙会、牛王会、山王会、观音会、川主会等在外界提起来则鲜为人知。关于羌族传统民间文化活动场所如天火坪、勒色坪、火塘屋、照楼台、芋初坝、议话坪等，学者对其研究的也不多。总之，到现在为止还鲜有专门对羌族非物质文化遗产文化空间——羌族节庆（节事）以及传统民间文化活动场所进行系统研究的著述。而这种研究是羌族文化空间类非物质文化遗产申报以及文化空间资源合理化利用的基础性工作。因此，在专门的羌学研究机构成立后，其研究重点之一应该是对羌族非物质文化遗产文化空间的研究。

（2）加大文化空间类非物质文化遗产申报力度。目前，我国还没有文化空间类的世界级非物质文化遗产，而文化空间类在联合国教科文组织非物质文化遗产中占有重要的地位，鉴于目前国内外对濒危羌族文化遗产的广泛关注，应该选一两个大型节庆、节事活动加以组合后积极申报世界级文化空间类非物质文化遗产。此外，在加强羌族非物质文化遗产文化空间的研究基础上，积极搜集一些处于濒危状态且价值高的节庆、节事活动及传统民俗活动地点，并将其申报为文化空间类非物质文化遗产。

（3）保护资金要有所保障。如前文所述的瓦尔俄足节，一方面西湖寨必须要把它当作一项任务加以完成，配合国家做大量的表演、采访、拍摄等工作；另一方面国家又对此缺乏必要的资金支持，甚至很多时候要靠村民自筹经费来维持活动，如此社区村民的感情则容易受到一定的影响，不利于节庆文化保护活动积极性的提高。提到非物质文化遗产的保护，关键点之一在于资金要有所保障。针对这种情况，我们建议各级政府可以在国家重建资金中申请一部分作为非物质文化遗产的保护的专项基金，也可以向社会各文化组织公开招募非物质文化遗产保护基金。如此非物质文化遗产的保护才有稳定的经费来源，如前文所述的瓦尔俄足节等文化空间的修缮、修复才会有所保障。

（4）在文化空间资源化利用过程中应考虑利益关系的协调。作为保护、发扬传统节庆文化手段之一的节庆旅游，羌族非物质文化遗产文化空间的资源化利用日趋明显，重大的节庆活动，如祭山会、羌年节、瓦尔俄足节、俄苴节等文化空间已成为重要的节庆旅游资源。作为文化空间的"创造者""享有者"以及"传承者"，当地社区、社区居民必然会成为重要的利益主体。根据文化空间保护以人为本的原则，政府则需要对开发区内各种利益关系进行协调，以法律法规为保障建立好利益协商机制和分配机制，比如除了按规定给参与表演活动的各类文化传承人薪酬外，还可以借此机会举行特色农产品、传统手工艺品展销活动来为当地社区、社区居民保证一定的利益分配。

# 第二节　非物质文化遗产活态化保护实践
## ——以青州府花边大套保护为例

青州府花边大套是一种以棒槌为工具手工编织的抽纱工艺品，因产地而得名，是山东省重要的出口商品。它远销意大利、德国、瑞士、西班牙、巴西等欧美国家，在国际市场上享有盛誉，2009 年入选山东省第二批非物质文化遗产名录。

## 一、青州府花边大套的源流

### （一）起源

抽纱花边相传起源于意大利、法国、葡萄牙等国，是在中世纪民间刺绣的基础上发展起来的，主要用于衣物镶边和家居装饰，也称为蕾丝花边。这种手工艺品与中国本土原有的"花绦""络子"等虽有近似之处，却并无直接渊源，它是近代外国传教士在华活动的结果。中国花边业首先兴起于山东烟台。

1900 年 6 月，青州的英国浸礼会传教士库寿宁（Samuel Couling，1859—1922）为逃避当地义和团追杀，乘船流亡烟台。在烟台客居期间，他得以有机会近距离考察该地区抽纱花边产业的经营状况。目睹烟台抽纱花边行业的繁荣景象，库寿宁的内心产生了巨大的触动，萌发了投身于此的念头。次年回到青州后，他立即着手创办相关企业，并从该项工艺的原产国意大利直接引进原材料和图样，组织人员进行生产。

1908 年，库寿宁因故离开青州，临行前将名下的抽纱花边企业转让给他的中国学生宋传典。宋传典接手后，将企业改组为德昌花边庄（英文名称为"宋传典公司"），并且增资扩大了生产规模。数年之内，青州抽纱花边产业就迎来爆发式的增长，宋传典也因此一跃成为地方首富，同时也是山东省内屈指可数的大资本家之一。他本人还一度当选省议会议长。

## （二）发展

宋传典依靠经营抽纱花边发迹之后，在 1920 年左右把德昌花边庄重组为德昌洋行，很快就将资金和主要精力转投到其他周边产业中，慢慢淡出了花边业。但是，他的退出并未对产业的继续发展产生影响。青州府花边大套逐渐向西、向北发展，西至临淄，又向北转至广饶，再回到益都（今青州市）的北部阳河，南转至高柳、夹涧一带，形成一个半月形的生产区。其制作者基本全部为农村妇女，技艺传承也以母女、姑嫂等亲属之间口耳相传为主。民国时期，青州府花边大套最著名的设计师是被后世尊为第一代传人的范懋亭。他大胆革新，将中国画的写意风格与夸张手法融进编制工艺，由"二方连续"向"四方连续"扩展，使当时的带型花边脱胎换骨，逐步演变成了庄重、典雅、华贵、大方的新工艺产品，更具实用价值、欣赏价值和收藏价值。

1949 年之后，青州府花边大套作为出口创汇的重要产品，受到政府的大力扶持。1956年合作化时，临淄的花边庄合并成立合作社。1965 年，益都、广饶、寿光、博兴设厂生产。随后几年间，无棣、临朐、昌乐、桓台等地也相继建厂投产。至 20 世纪 80 年代初期，从业人员最高达到近 7 万人，年产值达 1500 多万元，是民国时期的百倍以上。这一时期比较重要的设计师是范懋亭的私淑弟子王顺堂。他也是公认的第二代传人。作为青州抽纱厂设计研发工作的负责人，他对原有产品进行创新，不断增加用途和花色品种，使其应用性和实用性更加广泛。

## 二、青州府花边大套的生存与传承现状

### （一）手工花边产业的衰退

随着经济发展和科技进步，手工艺产品的生存空间受到挤压，青州府花边大套也不例外。20 世纪 90 年代起，各地从事青州府花边大套生产和经营的厂家很多都开始亏损，不得不转产或停产，导致产品产量和从业人员数量锐减。2010 年之后，只有青州鲁绣抽纱有

限公司（1999年由原青州抽纱厂改制组建）等少数几家企业还能维持机织花边的生产，而手工花边产品已经面临消亡。出现上述现象的原因是多方面的。

首先是人力成本的攀升。青州府花边大套的生产方式是，厂家提供设计图样与原材料，农村妇女在家完成制作，然后再由厂家回收产品并计件发放报酬。作为劳动密集型产业，抽纱花边生产无须使用车间和大型机器设备，而是需要使用大量人力资源，故产品成本中人力成本所占比重最高。近年来，农村劳动力外出务工数量增加，务工报酬远高于制作青州府花边大套，使得整个行业出现严重的人力资源短缺。在成品售价短期间内无法明显提高的背景下，单方面提高计件工资以吸引劳动力回流，势必会导致企业利润率大幅降低甚至出现亏损。

其次是其他产地的竞争。抽纱花边产业最初从欧美转移到中国，主要原因就是基于中国具备大量剩余劳动人口和较为低廉的工资成本。改革开放以后，中国经济高速发展，新兴产业崛起，加之人口增长放缓，社会总和劳动力由富余变为短缺，工人工资水准也随之升高，上述优势已不复存在。与之相反，东南亚的越南、柬埔寨以及东北亚的朝鲜等国，经济起步较晚，人口红利尚存，拥有较大的后发优势。这些国家生产的抽纱花边产品，在国际市场上可以以较低的价格出售，从而抢占了大部分原属青州府花边大套的份额。

再次是机织花边的冲击。20世纪后期，机织花边问世，这项技术终结了抽纱花边不能使用机器进行生产的历史，从根本上改变了该产业的面貌。虽然机织花边在产品质量上尚无法与手工花边相比，也暂时无法制作某些较为复杂的花边品种，但是该项技术大大提高了抽纱花边的生产效率，减少了对人力资源的依赖，降低了产品的生产成本。在中低端产品领域，机织花边对手工花边的冲击是巨大的，也可以说是致命的，它直接加速了青州府花边大套手工制作产业的衰退。

## （二）非遗视野下的青州府花边大套

进入21世纪，非物质文化遗产的热潮开始在中国兴起，从各级政府到普通民众都对此十分关注。2006年5月，国务院公布了第一批国家级非物质文化遗产名录。同年12月，山东省人民政府也公布了第一批省级非物质文化遗产名录。地方政府、文化部门及青州府花边大套的从业者通过精心筹备和积极申报，终于使其于2009年9月进入山东省第二批省级非物质文化遗产名录，从而在该项传统技艺的保护方面取得了重大进展。

作为青州府花边大套的领军人物，时任青州鲁绣抽纱有限公司总经理的卜范增于2011年被确定为该项目的省级传承人，并在2015年当选潍坊市工艺美术协会会长。卜范增，青州府花边大套第三代传人，1955年出生，1977年毕业于青岛工艺美术学校。毕业后到青州抽纱厂从事设计工作，师从第二代传人王顺堂，历任设计员、设计科长、副厂长、副总经理、总经理等职务。他曾在 20 世纪 80 年代主持编写《青州府花边工艺文件》，这也是现存最早有关青州府花边大套制作工艺的文献资料。卜范增弟子众多，比较知名的有王守虎、张中杰、王若君、王艳珍、史文波等人，他们都是第四代传人中的代表。

列入非物质文化遗产名录之后，青州府花边大套受到了比以往更多的重视和关切。政府将其作为地方传统文化的特色项目之一进行宣传推广，不仅拨付传承经费、收藏展示产品，而且还经常组织艺人在公开场合现场表演。来自省内外的工艺美术研究学者，络绎不绝地到青州当地探访花边大套。还有部分手工艺爱好者慕名而来，拜艺人为师学习，将这项制作技艺传播到了全国各地。

## 三、青州府花边大套的活态化保护策略

### （一）非物质文化遗产活态化保护的内涵

非物质文化遗产的活态化保护是相对于静态化保护而言的。静态保护，也称之为"标本"式保护，主要指对"非遗"项目进行发掘、记录、整理、保存和陈列，以及通过文字、音像、视频等方式对"非遗"进行记录和展示。非物质文化遗产活态流变性的基本特性，也决定了我们今天的保护不应是静止的凝固的保护，而是为了发展的保护。没有保护，难以发展；而没有发展，保护也就失去了重要意义。

活态保护的具体内容是指：针对非物质文化遗产活态流变性的特点，用可持续发展的眼光来看待非物质文化遗产的保护。注重以人为本，加强对传承人的保护；注重文化空间的保护；重视遗产保护中观念的创新；重视立法和制度建设；重视资金投入和基础设施建设；重视全体公民的积极参与；注重在一定程度上进行产业化开发。

### （二）青州府花边大套活态化保护的方向

青州府花边大套目前的保护措施基本是以静态化保护为主。无论是搜集整理青州府花边大套的各种图文资料、申报非物质文化遗产项目，还是在文化场馆展览展示实物产品、组织艺人现场表演并与观众互动交流，上述各项措施归结起来，目的都是将该项工艺当做标本或者文物，尽可能长久地将其凝固并保存下来。然而，非物质文化遗产最主要的特征就是流变性和发展性，仅仅满足于静态化保护是远远不够的，还需要采取一定方法使其重新焕发活力，依靠自身造血能力传承延续下去，达成"活水养鱼"的良性循环。

非物质文化遗产的类型不同，保护其活态传承的方式也不一样。工艺类非物质文化遗产本身就具有生产性，因而，对于这类非物质文化遗产采取生产性保护方式是合理的、正确的。所谓"生产性方式保护"便是力求在不违背手工生产规律和自身运作方式、不扭曲

其自然衍变趋势的前提下，将传统手工技艺导入当代社会生活及产业体系，使之在创造社会财富的生产活动中得到积极的保护。如果我们以上述概念来对照艺人在文化场馆及各种展会的现场表演展示，就会发现艺人们虽然是在编织花边，但却与生产性保护毫无关系。换句话说，这种行为不属于生产活动，他们编织出来的花边也不是商品。因为参与展示的艺人并不依靠出售花边获取收益，他们的收入来源于现场表演过程中所得到的劳务费。真正的生产性保护应该是令青州府花边大套能够作为商品重新占领市场，进入流通领域，在创造财富的过程中实现自身价值。

### （三）青州府花边大套活态化保护的路径

在人力成本高、外在竞争激烈、机织产品泛滥的当下，手工青州府花边大套再想重操原有的生产经营模式，无异于以卵击石，是没有任何前途的。想要完成活态化保护或者说生产性保护的目标，还需另辟蹊径。

1. 改变产品用途定位

抽纱花边从一开始就是专供出口的手工艺产品，在外国属于家庭中常见的日用消费品。虽然售价不算太低，但也属于一种相对物美价廉的商品。机织花边出现后，抽纱品的价格更是一降再降。一直以来，青州府花边大套就是以设计精美、做工优良而著称。与省内其他抽纱花边品种相比，青州产品所使用的原材料棉纱更细，单位面积内所表现的内容更加丰富，因而深受外国消费者的青睐。由于具备这样的优势，青州府花边大套完全可以战略性地放弃中低端市场，以纯手工制作为卖点，主攻高端产品领域。可以为顶尖服装品牌和家纺品牌定制花边，成为这些企业的专属合作伙伴，甚至还可以彻底打破原有附属装饰品的定位，使花边成为独立存在的高档文创产品，提高商品的附加值。正如本文作者之前所言，民间工艺美术要将原来以量取胜的粗放型经营模式转变为以质取胜的集约型经营模式。在这个过程中，青州府花边大套需要从过去以实用功能为主，更多地转向追求产品的审美功能。

2. 升级产品样式风格

因为最早的图样和工艺皆来自西方，加之长期以来完全以出口为导向，使得青州府花边大套形成了固有的西洋化风格。虽然设计师是中国人，而且传承了三四代之久，但是创作的产品样式还是很难摆脱百年前的定势，大部分时候只是把常用图形元素换个方式进行排列组合而已。在当今这个瞬息万变的后工业社会，消费者已经不再满足于单一陈旧的产品风格，转而追求新奇化和个性化的潮流。青州府花边大套原有样式在年轻人眼里显得有些落伍。针对这种情况，图样设计中应该在保留传统样式的基础上，创新开发一部分能够紧跟时尚脚步，符合新一代消费者审美趣味的产品。另外，带有中式元素的东方风格对于欧美消费者来说，也是新鲜而富有魅力的。之前范懋亭、王顺堂、卜范增等人都在中西风格融合的方向上做过一些探索，特别是卜范增还设计过"风筝""寿字"等许多以纯中国元素为主体图形的产品，收到了较好的效果。今后可以尝试在这个方向上进一步加大设计力度，争取能够取得更大的突破，建立真正的中国本土抽纱花边风格。

3. 转换产品营销方式

青州府花边大套长久以来的营销方式就是与欧美客户签订合同，然后以大宗批发的形式装船运往海外。原有营销方式优缺点并存，在新时期需要以更加灵活的手段丰富产品的销售渠道。一是开发国内市场。抽纱花边本非中国原产，国人以前亦不习惯使用这种产品。随着全球一体化时代的到来，花边也开始逐渐被国人所接受。许多年轻人推崇镶有蕾丝边的进口服装，却不知道这种精美的装饰品其实就是产自他们身边的地区。中国是一个有十多亿人口的庞大市场，如果通过有效的宣传推广，使更多的人能够认识了解并且喜欢上抽纱花边，其前景不可限量。二是开辟零售渠道。上文曾提到，青州府花边大套可以做成独立的文创产品，而这类商品是非常适合零售的。例如把花边熨平装裱到镜框中，就是一件美观大方的陈设装饰品。通过网店、线下精品店等渠道进行销售，应该可以获得较为理想的销量。还可以将其放在景点的纪念品商店，当做旅游文创产品贩卖，也是一种不错的选择。

非物质文化遗产的活态化保护既需要全社会的广泛关注和参与，更需要从业者自身的与时俱进和不懈努力。当前青州府花边大套虽然已被列入省级非物质文化遗产名录，生存环境得到了一定的改善，但是复兴之路依然任重道远。希望通过上述的分析与建议，能为这项百年工艺的健康持续传承提供一点有益的思路。

# 第三节　非物质文化遗产活态化保护模式
## ——以山西襄汾丁村古村落民居保护为例

山西襄汾丁村古村落民居物质文化遗产和非物质文化遗产丰厚，历史年代悠久，展观了山西省的文化精髓。以往的山西襄汾丁村古村落民居保护工作均以静态模式为主，保护方法较为单一，不能综合管理村落建筑的周围环境，忽视了本村村民的保护工作，不利于古村落民居的持续发展。对此，应该紧密融合活态化保护模式，提高山西襄汾丁村古村落民居保护工作活力，发挥物质文化遗产和非物质文化的作用，促进山西襄汾丁村古村落民居的可持续发展。本文将简单分析山西襄汾丁村古村落民居保护工作问题，论述山西襄汾丁村古村落民居的历史文化价值，并浅谈山西襄汾丁村古村落民居活态化保护模式。

## 一、山西襄汾丁村古村落民居保护工作问题

从宏观的层面来分析，山西襄汾丁村古村落民居保护工作尚且存在三方面的问题。首先，因为市政府对古村落一直采用的静态保护模式，所以保护方法较为单一，通常只重视保护古建筑，而忽视了周边环境管理，导致民居建筑与环境发展不协调。其次，为了维护村落民居的完整性，山西襄汾政府对古村村民实施了外迁政策，这虽然会取得一定的效果，却降低了村落创建者（即村民）对民居的保护作用，很容易导致如今的村落失去了昔日的热闹场景，虽然建筑保存完好无损，却毫无生气。另外，山西襄汾政府对大量的文物故居实行博物馆保护方式，各种器具、字画、书籍和生活用品被当作供游客参观的室内文物，使文物呈现出一片静态，这必然会在很大程度上限制山西襄汾丁村古村落民居的可持续发展，不利于开发村落建筑的文化资源。

## 二、山西襄汾丁村古村落民居的历史文化价值

山西襄汾丁村占地面积为 5 平方千米，迄今为止，该村落有十万年的悠久历史，保存了 40 多座明清时期的宅院，并于 1988 年，被列为中国第一座受国家保护的传统村落。山西襄汾丁村古村落民居大多为明万历到清咸丰时期的四合院建筑，长辈住宅为民居中心建筑，子孙所居住的宅院往往会通过边门、庭院与巷道和中心建筑连为一体，从而形成四合院建筑群。山西襄汾丁村建筑雕饰精美，历史文化气息浓厚，雕饰图案以生活场景、山西晋剧、礼法、民俗生活、灶火与治家为主，素有民俗"活化石"的美称。而且，丁村村民的日常生活也是对传统民俗和生产生活方式的延续。除此之外，丁村村民具有强烈的传统文化保护意识，会定期维修文物建筑，延续村落的传统民俗和生产方式，尽力避免古村落受到外界的干扰。

## 三、山西襄汾丁村古村落民居活态化保护模式

### （一）促进静态保护模式与活态化保护模式的有机结合

静态保护模式虽然能够取得一定的效果，却存在不少问题，对此，应该汲取该模式的优点，促进静态保护模式与活态化保护模式的有机融合，在实施"原真性"古村落民居保护的基础上呈现历史文化的整体风貌，不能一味地外迁村民，应该让村民兼任丁村古村落民居创建者，延续传统民族文化与古老的生产方式，如农耕、纺织以及各种传统技艺等。

## （二）制定古村落民居保护发展规划措施

山西襄汾政府应联合丁村村委会，认真研究《传统村落保护发展规划编制基本要求》和《村庄治理技术规范》，制定科学完整的古村落民居保护发展规划措施，构建"活态化博物馆"，确保民居建筑和周边环境的协调性。在维修民居建筑屋顶时，应选用传统色彩的青瓦、黄瓦或者红瓦，在修复墙壁时，应注意恢复墙体的传统本色，对于建筑院落的大门、栏杆等应该使用木质材料来进行，可以在院落与天井四周栽种带有传统文化气息的花草树木，如牡丹、莲花、海棠、竹子等。在修建现代建筑时，墙体应采用纯白色或者浅灰色效果最佳，不能使用鲜红色或者金黄色。对于建筑大门，可以采用朱红色或者紫檀色来提升传统文化色彩，不能用大理石或者现代瓷砖做装饰。另外，要充分发挥物质文化遗产和非物质文化遗产的价值，保持丁村古村落民居的生气。

## （三）加强全体村民的传统文化认同感

山西襄汾政府理应重视提高全体村民的古村落民居保护工作参与热情，加强他们的传统文化认同感，对居民进行培训和教育，认真倾听他们的心声建议，联合村民重温晋商历史，传承晋剧文化，发展民居建筑雕饰，并科学开发传统文化资源，提高本村的历史考古价值、审美文化价值、欣赏价值和社会经济价值，大力发展旅游观光业，有效促进古村落民居活态化保护工作的可持续发展。

综上所述，静态保护模式已经不能适应古村落民居活态化保护的发展要求，正确使用山西襄汾丁村古村落民居活态化保护模式，做好村落保护工作，必须重视提升古村落民居保护工作活力，构建"活态化博物馆"，制定古村落民居保护发展规划措施，全面加强全体村民的传统文化认同感，发展旅游业，提高山西襄汾丁村古村落民居的影响力。

# 第四节　非物质文化遗产活态化传承方式转换与创新
## ——以赫哲族文化传承为例

### 一、现代化进程中赫哲族文化传承途径的思考

新中国成立之后，少数民族地区经历了一场前所未有的现代化进程。现代化的推进过程中必然伴随着对传统文化的冲击，这是世界现代史和当代社会发展中具有普遍性的问

题，不论发达国家还是发展中国家，不论人口多数的民族还是少数民族，都是如此。而且，许多实例证明，人数越少的民族，受到的冲击就越大，抵御这种冲击的能力也就越弱。世世代代居住在黑龙江省三江流域的赫哲族是中国人口较少民族之一，据 2010 年全国第六次人口普查，全国赫哲族人口总数为 5354 人，人口数量如此之少的赫哲族如何抵御现代化的强烈冲击呢？在漫长的历史岁月里，赫哲族以其勤劳和智慧创造了独特而又罕见的渔猎文化，现在却面临严重的生存困境：衣、食、住、行等物质文化日益现代化；赫哲族语言成为濒危语言；口头文学与表演艺术濒临失传；传统风俗和礼仪逐渐被废弃；民间传统手工艺日渐衰微。鉴于赫哲族渔猎文化的濒危状态，中国已将其列为 25 项重点保护的民族民间文化遗产项目之一。因此，探讨如何有效传承赫哲族传统文化显得极为重要和迫切。

在现代化进程之前，赫哲族的传统文化传承主要是在生产和生活中，通过老一辈的口传心授，传统文化得以延续和发展。现代化的进程冲击了赫哲族的传统文化，但也为赫哲族传统文化传承带来了契机。目前，赫哲族的传统文化传承主要通过下列途径：

## （一）记录态文化传承

记录态文化传承主要包括文字记录和影像记录两种方式。

1. 文字记录

文化传承需要记录前人创造的文化成果。文字记录主要是通过书籍、报刊、网站等加以呈现。

新中国成立后，在国家民族事务委员会的领导下，从 1956 年开始对中国少数民族社会历史进行了大规模调查。在调查研究的基础上，编写了《赫哲族社会历史调查》（1987 年）和《赫哲族简史》（1984 年）。这两部著作的出版，为赫哲族文化遗产的保护、传承和研究积累了大量的资料。改革开放以后，中国政府在全国范围内开展了声势浩大的民族民间文艺十大集成的收集、整理、编撰和出版工作。在中国社会科学院文学研究所和黑龙江省民间文学研究会、黑龙江省音协的领导组织下，组成"抢救赫哲族民间文学联合调查组"，先后于 1980 年和 1981 年两次深入赫哲地区记录了大量的赫哲族民间文学资料。

不仅国家和政府组织对赫哲族文化进行抢救、挖掘和整理，一些致力于赫哲族文化研究的学者和赫哲族的知识分子也为记录濒临消失的赫哲族传统文化作出了贡献。如张嘉宾的《黑龙江赫哲族》（哈尔滨出版社 2002 年版），刘忠波的《赫哲族》（民族出版社 1980 年版），舒景祥的《中国赫哲族》（黑龙江人民出版社 1999 年版），徐昌翰、黄任远的《赫哲族文学》（北方文艺出版社 1991 年版），于晓飞、黄任远的《赫哲族与阿依努文化比较研究》（黑龙江人民出版社 2002 年版），尤志贤、傅万金的《简明赫哲语汉语对照读本》（黑龙江省民族研究所 1987 年版），安俊的《赫哲语简志》（民族出版社 1986 年版），等等。大量赫哲族语言、民间文学和作品的整理出版，不仅为开展赫哲族的历史、经济、文化、宗教研究提供了宝贵的资料，也为赫哲族的文化传承创造了条件。

2007 年，赫哲族开办自己专业的网站——中国赫哲族（http：//hezhezu.com）。该网站由同江市赫哲族文化研究会主办。

2. 影像记录

影像也是记录文化的一种方式。影像记录包括图形、影视、音像等多种方式。通过影像记录传承文化可以起到直观解释民族文化的作用。1965 年完成的中国少数民族社会历史科学纪录影片《赫哲族的渔猎生活》，以电影的艺术手法，系统地记录了赫哲族的渔猎生活，抢救了赫哲族的传统文化，使赫哲族的渔猎生活用音像的形式得以保留，不仅为学者研究赫哲族文化提供了资料，也为赫哲人弘扬传统文化和回味历史保留了形象化的素材。

有学者于 2011 年在饶河县调研时，了解到从 1985 年饶河电视台具备了独立制作电视节目的能力，该电视台于 1986 至 1988 年间，拍摄了《赫哲之春》《白桦树下的赫哲人》等关于赫哲族的宣传片。1991 年，拍摄了第三届"乌日贡"大会的宣传片。2007 年之后，陆续拍摄了《叉草球》《嫁令阔》《伊玛堪》《萨满舞》等专题片，中央电视台曾节选过部分内容。

（二）展览态文化传承

展览态文化传承主要是通过各种展览、博物馆等进行文化传承。

1984 年，由中国社会科学院民族研究所、黑龙江省民族事务委员会和北京自然博物馆主办的"赫哲族的渔猎生活"展览在北京展出。展览以民族乡村的视角，运用文物，并配以图画、照片、模型、图表和简要的文字说明，以及电视片，展现赫哲族的历史变迁和独特文化，历时 4 个月，共有 50 多万中外观众前来参观。

1990 年 11 月 15 日，全国唯一的赫哲族博物馆在黑龙江省同江市开馆。由于该馆年久失修，市政府重建赫哲族博物馆。新馆位于同江市三江口，2002 年 8 月竣工对外开放。馆内为三层结构，一楼主要以渔猎两大自然环境的展示为主。二楼展示赫哲族悠久的历史、赫哲族特有的风俗习惯、宗教信仰以及新中国成立后赫哲族发生的翻天覆地的变化。三楼主要展示同江市发展的成果。该馆是中国境内唯一的一座藏品丰富、风格独特、全面地展示和介绍赫哲族的历史、文化、政治、渔猎生产生活、宗教信仰、风俗习惯的民族博物馆。

在饶河县饶河博物馆 150 平方米的少数民族展厅，展出的都是反映赫哲族文化的展品，包括赫哲族工艺品、桦树皮制品、鱼皮画、生活场景、神像、生活与生产用具等。在街津口赫哲族乡有一个民间赫哲族博物馆，该馆于 1992 年建馆，馆内藏品有鱼皮衣、狍皮帽、传统的生产工具、鱼骨项链等鱼骨工艺品和生产工具模型。

## （三）节日态文化传承

赫哲族的节日中最有民族特色的是"乌日贡"节，这一节日的形成得益于有着极强民族文化传承使命感的孙玉森和吴福常二人。在 20 世纪 80 年代初期，他们奔波于赫哲族各聚居地做了大量的联络和号召工作。1986 年 6 月 28 日召开了"赫哲族首届文体大会"，1988 年 6 月将这种文体活动正式定为"乌日贡"大会。此后，每隔 3 年召开一届，正式定为赫哲族人民的节日盛会。1997 年 6 月 20 日，在同江市第五届"乌日贡"大会后决定每 4 年举办一次，在农历的五月十五日召开，地点在赫哲族聚居区轮流举办。"乌日贡"大会已于 2007 年申报并批准为省级非物质文化遗产保护名录。

"乌日贡"是以赫哲族传统渔猎文化为背景，以表现古今赫哲人生产生活为主题，集民族民间文化体育项目为一体的综合性民族节日。"乌日贡"大会主要分两大类：一是民族文化艺术，二是民族传统体育。文艺节目有神鼓舞、天鹅舞、桦皮高帽舞等民族舞蹈，以及口弦琴演奏、伊玛堪演唱和赫哲语民歌，等等。大会的体育项目主要有摔跤、叉草球、顶杠、叉鱼、扒鱼皮、织渔网、射箭等十余项比赛，对于多项比赛中成绩特别突出的选手还颁发"莫日根"奖。晚上在江边燃起篝火，举行群众性的篝火晚会。

著名的民俗学家刘魁立指出："节日是历史和文化传统的积淀和再现。"每一届"乌日贡"大会的举办，不仅是对赫哲族传统艺术、文化的一种传承，也使得赫哲人的价值观、道德观、信仰及民族精神等不同方面得到了继承和发扬。节日态文化传承的不足之处在于间隔周期长。

## （四）旅游态文化传承

1999 年，随着"兴边富民行动"的实施，同江市政府制定了《街津口旅游发展十年发展规划》，自此开始了大规模的赫哲族旅游开发活动。自 1999 年以来，同江市相继投入约 3 亿元人民币，用于旅游景点的建设和旅游产品的开发，相继建成了三江口生态旅游区、赫哲族文化村、钓鱼带景区、街津口国际森林公园、洪河国家自然保护区、八岔岛生态旅游区等旅游景区。目前，已经建成的展示民族文化的旅游景点主要有：

1. 赫哲族民族文化村

赫哲族民族文化村位于同江市街津山国家森林公园内街津口山南部，也是街津口赫哲族旅游度假区的核心景区，占地面积 17 万平方米，于 2001 年 8 月 9 日正式对游人开放。现为国家级 AAA 景区，距离街津口乡 2 公里。民族文化村在每年的 5 月至 10 月开园迎接全国各地的游客，其余时间为休整期。

赫哲族民族文化村现已建成广场区、展示区、雕塑区、宗教区、民居餐饮区等功能区。在正门口右首的赫哲族展览馆展示了赫哲族传统的渔猎生产生活所用的工具、器皿、住所以及不同时代的生产生活情况、文化艺术、宗教习俗、手工艺品等。民俗村的其他建筑有：图腾柱、神偶群、五组大型雕塑群、表演舞台等景点。目前，它是国内最大的赫哲族民俗村，将自然环境与民族文化融为一体，重新复活赫哲族历史，通过赫哲村落建筑、大型雕塑群、饮食、起居、服饰、宗教和丰富多彩的娱乐等内容，集趣味、历史、民族风俗、文化为一体，使游客观察、体验、探寻赫哲族文化的形态、思想意识和生活方式。

2. 赫哲族风情园

赫哲族风情园位于饶河县四排乡。赫哲族风情园于 2001 年 7 月 4 日正式对外开放，它占地 1 万多平方米，建筑面积 650 平方米，展厅面积 200 平方米，馆藏文物 200 多件。园内主要建设有赫哲族发展史馆、民族工艺作坊、传统民居建筑等。建筑外观全部采用赫哲族民间传统的木刻楞式建筑风格，具有浓郁的赫哲民间风情。风情园里的博物馆内陈列着赫哲族鱼皮衣、渔具、桦树皮制品及木雕工艺等几十件，这些展品从不同侧面反映了赫哲族的文化兴衰和时代变迁。同时展馆内还有大量的图片向人们展出了四排赫哲族乡改革开放以来社会经济的发展变化。另外，园内每年 7 月中旬举办"赫哲族河灯节"。节日当晚，赫哲族群众聚集在乌苏里江畔，把用红纸、蜡烛、木板等材料制作的河灯放入乌苏里江中。人们在江边点燃篝火，人们围着篝火烤起了"塔拉哈"、跳起了民族舞蹈。

3. 街津口乡

街津口乡是黑龙江赫哲族人口最集中的区域，赫哲族人口大约有 1900 人。街津口于 1947 年建村，1953 年正式建乡。历史上，街津口曾是金朝"赫金"国的中心，有着悠久的历史，曾出土过石斧、骨箭头等大量文物。街津口以其秀丽的山光水色和特有的赫哲渔村风情吸引着不少中外游客，被誉为黑龙江的"边陲名胜"。曾有赫哲族诗人赵汝昌赞誉为："街津口，街津山，峰环三面水一湾，应是地灵人杰处，不亚塞北小江南。"

街津口在 1985 年被黑龙江省定为省级旅游区，随即成为旅游胜地。目前，每年的 5—10 月是旅游旺季，很多游客到这里观光游览。街津口乡已经开发出了被称为"街津十景"的旅游景点，有街津山、钓鱼台、斩妖石、德勒乞、寒葱沟、望江亭、通江桥、青松沟、涌金泉等。来街津口的游客可以住在赫哲人办的家庭旅馆里，也可以品尝赫哲族的特色鱼宴，这里的旅游活动既具有观赏性，又具有参与性。

除了各旅游景点外，为了提高赫哲族的知名度，增进本民族的团结和推动旅游业的发展，2001 年，同江市策划举办了第一届赫哲族旅游节，旅游节每年 8 月举办一次。届时会有丰富多彩的文体和娱乐项目，还有民族聚餐宴会。赫哲族旅游节成为保护和传承赫哲族传统文化的一种新形式。

赫哲族地区旅游业的蓬勃发展，既促进了地区经济的发展，也促进了民族文化的传承和发展。首先，赫哲族地区一些原先几乎被人们遗忘的传统习俗和文化活动得到恢复。如赫哲族的河灯节。其次，传统工艺品的制作工艺和技术得到发展和传承。如鱼皮画、鱼骨工艺、桦树皮工艺品制作技术得到提高，而且工艺品的种类更加丰富多彩。再次，赫哲族传统的音乐、舞蹈等重新受到重视，一些濒临失传的舞蹈得到了发掘和恢复，如萨满舞、天鹅舞等重新搬上了舞台。另外，赫哲人还创作了一大批既蕴含民族传统文化内涵，又具有时代特色的歌曲和舞蹈。

旅游业在给赫哲族文化带来正面影响的同时，也给赫哲族文化带来一些负面影响，文化商品化和"舞台真实化"受到了质疑。格林伍德（Greenwood）认为，在现代旅游业中，寻求真实已经成为一种主题，而文化商品化促使这种"真实性"遭到破坏，虚假的文化却出现了，这对旅游目的地的文化来说是极大的损坏。如四排乡的赫哲族风情园为了吸引更多的游客，于2002年开设了鸵鸟园，园内现饲养非洲鸵鸟和澳洲鸵鸟。鸵鸟和赫哲族风情有什么必然的关联？这难道不会造成游客对赫哲族传统文化认识上的错误吗？

（五）表演态文化传承

赫哲族文化的表演态文化传承主要通过三种渠道：专业演出、节日表演和旅游景点的表演。

为了保护和传承赫哲族传统文化，在赫哲族居住的城市或乡村相继成立了专业的赫哲族文工团。目前，同江市有专业的赫哲族文工团，街津口乡也有文艺表演团体。他们在国家级、省级等大型演出中均获得了优异的成绩。除了参加大型节假日演出以外，平时也参加民族文化村的演出，向旅游者展示丰富多彩的赫哲族传统文化。

节日表演以"乌日贡"大会上的文艺表演为主。在历届的"乌日贡"大会上，都有赫哲族艺人表演"伊玛堪"及民族舞蹈。每次"乌日贡"大会上，赫哲人都热衷于传统的"嫁令阔"调，创作歌颂新生活的颂歌。如《赫哲人永远热爱共产党》《大顶子山高又高》，等等。尤其是"乌日贡"大会晚上的篝火晚会，人们围着熊熊燃烧的篝火，伴随着激昂的鼓、铃旋律，跳起狂欢的舞蹈，更使萨满舞表演达到极致的程度。

至于旅游景点的表演，不论在种类还是形式上，更是可圈可点。以赫哲民族文化村里的表演为例，在民族文化村内有一个专门的演出舞台，由"伊玛堪"艺术团为游客进行赫哲族传统歌舞的表演。

赫哲族文化的各种表演，在一定程度上保护和传承了赫哲族的传统文化。但与此同时，各种表演也存在"失真"问题。如为了适应现代观众的审美需求，传统的"伊玛堪"

被进行了改编，经过改编后的"伊玛堪"在整场演出中只会表演 3~4 分钟，已经失去了"伊玛堪"的文化意蕴。赫哲族民间歌舞表演越来越趋于舞台形式化，它可以满足游客短期的视听愉悦和猎奇的心理，但其能在多大程度上有效地传承本真的赫哲族传统文化，尚无确切答案。

### （六）商品态文化传承

伴随赫哲族地区文化产业和旅游业的蓬勃发展，赫哲族的传统手工艺品不断得到商业性开发，在获得经济效益的同时，赫哲族传统的手工技能也得到保护和传承。

赫哲族的鱼皮服饰是赫哲族文化的重要标志，赫哲族全世界独一无二的鱼皮加工技艺已于 2006 年被列入第一批国家级非物质文化遗产名录。佳木斯市以传承赫哲族的历史、语言、渔猎生活、民俗文化、民族工艺品制作等作为突破口，大力开发赫哲族鱼皮文化产业。目前，已开发了 6 大类 100 余种赫哲族鱼皮艺术品，产品远销美国、澳大利亚、俄罗斯、韩国。《黑龙江日报》2010 年 9 月 27 日第 3 版介绍了赫哲族鱼皮文化产业的发展情况。据报道，佳木斯市组建了赫哲文化研究会，成立了三江流域赫哲鱼皮文化产业研发基地和省内唯一的赫哲族鱼皮技艺传习所。并使用省文化产业发展专项资金 35 万元，分别对两家较大规模的鱼皮制品公司进行重点扶持。从最初的以赫哲鱼皮服饰为主，发展到以鱼皮画的形式表现赫哲族民俗及宗教信仰，到现在用鱼皮画的形式表现各种主题，鱼皮作品在创作题材上有了很大的拓展。从平面到立体、从单一鱼皮颜色到彩色鱼皮，工艺从粗糙到细腻，鱼皮作品创作水平有了质的飞跃。初步形成了鱼皮画、鱼皮服饰、鱼皮挂饰、鱼皮生活用品四大门类，平板粘贴、浮雕、绣缝、镂空、圆雕等多种技法综合运用，人物、山水、花鸟、瑞兽等主题相对多样的产品体系。在中国国际旅游商品博览会、深圳文博会、哈洽会等各种大型展会上，佳木斯鱼皮文化产品都向世人展示了赫哲族渔猎文化的独特魅力。目前，鱼皮画已经成为黑龙江省的招牌纪念品，各类鱼皮制品成为宾馆、会堂、家庭装饰和馈赠亲朋好友的理想赠品。

各种鱼皮制品的开发，是对赫哲族传统鱼皮工艺的传承和发展的一种创新。在新的历史时期，赫哲族的桦树皮工艺也同样得到传承和发展。饶河县四排赫哲族乡是桦皮制品的主要生产地，桦树皮制品主要有桦皮帽、首饰盒、笔筒、烟盒等旅游纪念品。付占祥是著名的传统桦皮工艺艺人，现已从饶河县四排赫哲族乡文化站长的岗位上退休。他所创作的桦皮粘贴画，大多以赫哲族传统渔猎生活为素材，反映了赫哲族特有的原始渔猎生活，他的作品部分被收入世界民俗工艺网。2007 年，赫哲族桦树皮制作技艺被列入首批国家级非物质文化遗产保护名录，付占祥被评为该项目的国家级代表性传承人。

近些年来，赫哲民间艺人在传统的桦树皮、木雕工艺的基础上，加工制作鱼骨、鱼鳞、鱼牙等工艺品，很受中外游客青睐。已开发的主要工艺品有：鱼骨手链、鱼骨项链、鱼骨扇、鱼鳞瓶、鱼鳞屋、鱼鳞帽等纪念品，以及用鱼骨材料制作的各种题材的工艺品。

## （七）教育态文化传承

教育是传承人类文明最重要、最有效的工具。赫哲族文化的教育态传承主要通过正规和非正规教育来进行。

为了传承赫哲族传统文化，政府有关部门相继开办各种短期培训班，如佳木斯市、区开办赫哲族语言学习班，黑龙江省艺术研究所主办、国家级非物质文化遗产名录赫哲族"伊玛堪"实施领导小组承办的培训班，都为赫哲族语言和说唱文学的传承发挥了一定作用。

新一轮的基础教育课程改革，为赫哲族的文化传承提供了广阔空间。赫哲族地区的民族学校都把课程改革的重点放在校本课程即赫哲族文化课程的开发与实施方面。以街津口赫哲族乡中心校为例，该校于 2002 年开始进行新课改，是黑龙江省首批进行校本课程开发的学校。街津口中心校在校长荆长志的带领下，学校教师开始挖掘、整理、搜集赫哲族传统文化，编制校本教材，向学生传授系统的赫哲族文化知识。校本课程的开发主要集中在 5 个方面：赫哲族语言、赫哲族传统体育项目、赫哲族歌曲、赫哲族历史、赫哲族地区物产资源。目前，全校 1 至 6 年级都开展有民族文化内容的课程。民族语言课独立开展，每周每班 1 课时。民族传统体育课和民族音乐课每学期 6 课时。学校于 2004 年 10 月，被黑龙江省民委和黑龙江省体育局确定为"少数民族传统体育项目培训基地"；2005 年 10 月，被黑龙江省少数民族体育协会吸纳为会员单位。该校建立了网站，通过网站，及时把学校的各种动态，尤其是赫哲族文化教育方面的信息予以公布，从而更加规范学校管理及赫哲族文化教育。

综观赫哲族文化传承的几条途径，我们可将其分为两类：静态传承与动态传承。记录和展览途径属于静态传承，主要体现在文物的定点保护、博物馆式的实物收藏、古籍整理等。旅游、表演、节日、教育等途径属于动态文化传承，主要体现在通过传承使文化在人们的生活实践中不断获得"再现"并优化提升。静态传承往往是把文化事项当作"对象"来保存和保管，远离了生活。

动态传承根植于生活实践，在传承中发展和创新着传统文化。因此，赫哲族文化传承应以动态传承为主。动态传承途径中，学校教育具有其他途径传承所无法比拟的作用，我们不可能在学校教育之外找到一条更有效、更现实又可培养出数量众多的民族文化传承人的途径和方法。学校教育以其全员性、目的性、系统性、正规性等优势，应该成为最根本的文化传承途径。

## 二、赫哲族传统文化与民族文化旅游可持续发展

### （一）民族文化旅游可持续发展战略

"旅游可持续发展"理论，是"民族文化旅游可持续发展"的理论依据。由于民族文化旅游，它既涉及敏感的民族问题，又是以民族文化作为旅游资源，以文化的差异性作为其主要吸引物来激发人们的旅游动机的文化体验活动，旅游消费行为是在与旅游目的地的民族交流中实现的，它有别于一般意义上的旅游形式。民族文化旅游可持续发展，是在少数民族社区里开发旅游时，既要把包括环境、社会、文化、资源可获得性以及承受力等所有的因素都考虑在内，又要继续维持旅游目的地的民族地区环境系统和文化的完整性；既要尊重当地民族的文化和情感，又要尊重少数民族文化旅游资源的"所有权""阐释与展示权"；既要满足相关民族的意愿和要求，又要满足来访者对旅游目的地经济、社会、文化体验和审美的要求，而不是简单地满足旅游者和旅游开发商的要求；既要公平分配旅游为社区带来的各种社会经济效益，又要保护民族文化旅游资源的"收益权"；不仅要为今天的民族文化拥有者提供社会经济发展、文化保护发展的机会，又能为"外来者"提供生存和发展机会；在不损害文化、自然生态持续的前提下，既满足当代人的旅游需求，又不危害后代人满足自身旅游需要能力的发展。其最终目的是实现民族文化保护与民族地区社会经济的和谐可持续发展。

"民族文化旅游可持续发展战略"，是指实现民族文化旅游可持续发展目的的行动计划和纲领。民族文化旅游可持续发展涉及民族地区社会、经济、文化生态环境及自然生态环境的可持续发展，它的发展战略就是要使民族文化旅游同与其相关的各方面的发展目标，尤其是与社会、经济、文化生态环境及自然生态环境的目标相协调。

根据旅游可持续发展的内涵及民族文化本身的特性，结合本节研究的重点，也有必要再次强调笔者对"民族文化旅游可持续发展战略"内涵进行的诠释：

第一，树立正确的民族文化旅游可持续发展思想和观念，包括可持续发展意识、民族文化自觉意识、民族文化的"所有权"意识、文化遗产"产权"和民族文化"阐释与展示权"意识以及公平意识。

第二，充分认识到少数民族是民族文化的创造者、继承者、拥有者，也是当地旅游发展的参与者和受益者，不但要尊重他们的文化"阐释与展示权"，社区居民的利益也应该受到尊重和关怀，并充分地保护和发挥民族文化主体保护民族文化的作用。

第三，通过立法建立民族文化旅游资源权益保护机制，明确和保证少数民族在民族文化旅游中的权益。经济利益是保持他们参与文化保护和支持民族文化旅游发展的根本

动力。

第四，始终坚持以民族文化保护和民族地区社会经济发展"双赢"为目的的民族文化旅游发展原则。民族传统文化保护是可持续发展策略实施的前提，也是可持续发展策略的最重要策略。

第五，对民族传统文化历史及现状、文化生态环境、自然生态环境、以及这些生态环境对民族文化旅游发展的承受力进行实事求是的评估，这些评估的结果是发展民族文化旅游的基础和依据。充分认识民族文化的特点和属性、民族文化资源的稀缺性、脆弱性及其重要价值，明确所有旅游事业的参与者对民族文化资源保护的责任和义务。旅游发展必须建立在自然与文化生态环境的可承受能力之上，合理利用资源，有效保护文化遗产，改善文化生态环境，保持文化的完整性，保证文化资源可持续利用。

第六，充分地了解和尊重当地居民对利用其文化资源和自然资源发展旅游事业的态度和意愿，他们的态度和意愿不但影响民族文化旅游开发的可行性和成败，更决定着民族旅游的可持续发展。

第七，建立"社区参与旅游"机制，明确社区居民的权益和义务，保证居民的参与权和公平获益权。在旅游发展过程中，充分考虑社区的意见和需要，加强社区居民的培训，增强他们的文化意识、商业意识、专业技能以及在现代社会环境下生存的能力。

第八，及时转变旅游者、旅游经营者及目的地居民的思想观念和行为规范，用"民族文化旅游可持续发展"的观念正确处理旅游开发和经营管理中的问题，使民族文化得到保护并不断丰富和发展。

目前，在我国民族地区旅游发展中出现的大量问题，如以经济发展为目的，文化资源"所有权"不明确等诸多原因而造成的盲目建设、"庸俗文化"、"假文化"以及少数民族民众与旅游开发商之间利益分配日益失衡等问题，其主要原因之一是缺乏"旅游可持续发展"思想和理论的指导。赫哲族文化旅游事业刚刚兴起，上述问题在那里还没有大量出现，但隐患已然存在，防患于未然是最明智的选择。因此，我们认为现有的"可持续发展"思想、"旅游可持续发展"理论是民族文化旅游可持续发展的理论依据，而本节对"民族文化旅游可持续发展"的阐释和"民族文化旅游可持续发展战略"的主张，既是对"旅游可持续发展"理论的发展，是解决以上问题的办法，也是实现民族文化旅游可持续发展的主要策略和措施。本节结合同江旅游发展的实际情况，将对民族文化旅游可持续发展策略作详尽的阐释。

（二）赫哲族民族文化旅游可持续发展策略

少数民族文化旅游是以特定区域内的少数民族文化吸引物来吸引游客的高层次旅游形

式。民族文化旅游，已成为发展旅游的重要途径，是一种生动活泼，强调文化体验的旅游产品，具有独特的审美特性，质朴的民间性，鲜明的文化性，文化背景的可靠性，情趣的乐观性和时空的混融性。在不损害文化、自然生态持续发展的前提下，在尊重赫哲族意愿和权益的基础上，以保护赫哲传统文化、促进民族地区社会经济发展以及提高民族地区人民生活水平为目的，以既满足当代人的旅游需求，又不危害后代人满足自身旅游需求的发展目的，发展民族文化旅游事业是该地区旅游业可持续发展的必由之路。要实现这一目标，就必须采取一系列行之有效的、符合当地实际情况的策略。

1. 民族文化是民族文化旅游可持续发展的根本和基础

民族文化是指特定的一个民族在长期的历史发展中共同创造并赖以生存的一切文明成果的总和，包括物质成果和精神成果。这些成果又集中表现在少数民族特殊的风俗习惯、宗教信仰、语言服饰等上面。然而，由于所处历史地理环境的不同，现实经历的不同，各种文化都获得了自己特有的内涵，孕育、塑造了自己特有的民族和人民，同时又为自己的民族和人民所塑造，形成了自己的特质。这种民族文化的差异及地域差异正是民族文化旅游的资源，吸引旅游者产生旅游动机。同江地区赫哲民族在漫长的历史发展进程中创造的异彩纷呈、独具特色的渔猎民族文化，满足了其他民族旅游者求新求异求美的精神文化需求，激发其千里迢迢前来游览观光的动机。民族文化是民族旅游的核心吸引物，少数民族文化特质的传承与发扬是民族旅游得以可持续发展的根基。如果没有了民族文化，民族文化旅游就成了无水之源、无本之木。因此，为了制定正确的民族文化旅游可持续发展战略，我们首先要对民族文化和民族旅游资源之间的关系有一个较为清楚的认识。

（1）民族文化。任何一种民族文化都是一个独立完整的体系，即是该民族利用、适应自然过程中的产物，也是该民族改造自然和利用自然的特有工具，而文化最基本的功用就是使人作为个体可以生存，作为人类可以延续。因此，理论上讲，民族文化的运行目的与旅游业的运行目的是不完全相同的，前者是为了民族的延续与发展，而后者主要是为了经济利益。而且，旅游业需要利用的旅游资源并不是，也不应该是相关民族文化的总体，而仅是它的一个有限部分。只有当旅游部门可以利用时，相关民族文化的有关部分才能进入旅游资源的范畴。从文化学和民族文化旅游可持续发展的角度看，从民族文化的范畴和层次性上看，文化可以分为"显性文化"和"隐性文化"，"显性文化"即显露在外、与特定的物质关系紧密相连、有明确的物质形态与之对应、人们可以直接感知的文化，如实物、住房、服饰、交通设施、生产工具、寺院、语言、文字、风俗等。而由知识、态度、价值观等构成的所谓"隐性文化"，主要用于人们的精神生活，并不以特定的物质形态表现出来，不容易被人们感知，就不适合开发成旅游对象，也不能开发成旅游产品，否则将给当地民族文化带来极大的破坏。实际上，在隐性文化中存在着一些混合性要素，如语言、文字、风俗、礼仪等，也属于行为文化，一般都具有明确的物质形态与之对应，而且被该民族文化赋予了特定的某种象征意义。对于外族游客而言，它们的物质形态是显性的，是可以被感知的，但它们的含义却是隐性的，是异于自身的文化背景的。因此，在旅游可持续发展的过程中，应该认识到民族文化的这种层次性，对于不同类型的文化区别对待，有所为有所不为。

一般而言，"显性文化"以及"隐性文化"中的混合性文化要素可以被直接开发为旅游对象，纳入民族旅游吸引物的范畴之中。而隐性文化要素则难以被开发为旅游对象，被直接开发为旅游产品。然而，"隐性文化"却每时每刻都在民族成员的日常生活行为中发挥作用，在民族传统文化的保护与传承中发挥着重要的作用。如果在开发民族文化旅游过程中，错误地或过度地利用这些显性因素会导致传统文化的重大破坏，如损害传统文化的核心价值，伤害民族的感情和民族团结。所以，不论在民族文化旅游开发或者日常旅游经营管理中，都必须认清和重视隐性文化要素的作用。只有通过尊重少数民族的文化阐释权和展示权（详见本章第二节），才能全面了解和完全尊重民族文化，才可能对民族文化资源予以正确的、合理的利用，才能保障民族文化资源在旅游开发中不丧失其原有的本色与特质，这也是民族旅游可持续发展的根本要求与保障。

（2）赫哲民族文化旅游资源的构成要素。民族文化旅游的基本特点，是指根据少数民族地区的地域特点和民族特点，是以少数民族文化的特点而开发的、旨在引导旅游者对民族地区进行文化审美观光的旅游文化体验活动。因此，它的构成条件必须包括具备民族文化特点，应该具有与旅游者的民族身份不同的异质文化特色，具有本土民族特色，这不仅仅是说具有民族地域特色，而且应具有不同地域的不同民族文化特色，具有民族文化内涵和底蕴，从其民族文化中还可透视出民族历史发展的文化积淀和现实的历史文化价值，甚至有的还带原始文化价值，从而使其具有民族学、人类学的意义，还必须具有一定的审美观赏价值，也就是说除具有特点外，还要有文化差异优势，还必须展示本土民族的最优秀的文化遗产和最优美的文化艺术。具备这些条件才能构成民族文化旅游的资源，构成发展民族文化旅游的基础。

此外，从上面的讨论中，我们看到民族文化不等于民族文化旅游资源，不是所有的文化因素都可以，或者说，不是都应该转化为民族文化资源。有些文化因素，例如有关宗教信仰和民族内部不宜外界了解和接触的敏感部分，不能也不应该将其作为民族文化旅游资源。只有那些显性文化因素和一些混合型文化因素才可以转化为民族文化旅游资源。就赫哲族文化而言，可以作为民族文化旅游资源的文化因素大致上可以分为如下几个部分：

①民族物质文化。民族的物质文化属于民族文化的显性构成要素，指一个民族所创造的物质产品和赖以生存的物质资源及物质环境。它一般通过物态形式从外观上直接诉请旅

游者的视觉，从而留下第一印象和第一感觉。民族物质文化包括吃、穿、住、行的各方面内容。诸如民族服饰文化，它是民族特点、民族属性、民族身份辨识的标志，不同民族的区别可从外观形态的服饰中一眼辨认出来。

赫哲民族服饰文化以鱼皮为主、兽皮为辅，样式深受满清服饰影响，反映了渔猎民族的特点和民族属性，也是传统民族身份的标志。再如民族建筑文化，赫哲族的临时性住所"撮罗子""草窝棚"以及固定的住房"地害子""马架子"以及后来的满族式正房（详见第二章第四节）是赫哲民族建筑的标志。至于赫哲族的饮食习惯、饮食形式、饮食内容构成的赫哲族饮食文化，更是丰富多彩。这些物质文化都凝聚着该民族的历史和文化，同时也培育了本民族的精神文化。旅游者可通过直接的视听和亲身体验感受到这种渔猎文化的特点，了解赫哲族的历史和文化，增进对少数民族文化的理解和尊重，提升自己同不同文化背景人交往的能力，珍惜和欣赏多彩绚丽的人类世界。另外，此类文化因素可以开发为具有独特的民族文化特色的旅游纪念品。

②民族精神文化。民族精神文化主要通过本民族的精神创造和精神文化形式表现出来，更能直接体现出民族精神、民族特点。有些精神文化属于混合性构成要素，一般都具有明确的物质形态与之对应，都被该民族文化赋予了特定的某种象征意义。民族精神文化内容包括文学艺术、文化娱乐、宗教仪式、典章制度和风俗习惯、风土人情等等。少数民族，尤其是长期地处僻远地区的少数民族，历史上经济、文化、教育相对落后，他们的历史文化以其他民族的文字被记述下来，他们的文化传承大多是通过口耳相传、说唱艺术、民族舞蹈保存下来的，成为他们生存、生活的方式，以及精神生活、文化生活的方式。例如，对于少数民族自身而言，歌舞不是表演，而是表达；歌舞不是供观赏的，而是参与的；歌舞不是个人的，而是群体的、族群的。因此，少数民族一般都能歌善舞。

自古以来，赫哲族不但能歌而且善舞，从早年流传下来，并在赫哲族中广泛流传过的主要舞蹈有萨满舞、天鹅舞、皮里西舞三种。后期创造的有鱼鹰舞、篝火舞、叉草球舞等。这些民族歌舞，也保留了民族歌舞和大众歌舞的特点，表现了其民族精神和民族文化。赫哲族精神文化不仅仅表现在歌舞上，还有其他的诸如通过构图、几何图案、色彩、线条以及对单纯形式美的种种追求所表现的绘画、雕刻艺术，已融合和体现在服饰、建筑、器具等物态化的物质文化和独立的艺术形式的精神文化中。例如，赫哲族具有鲜明渔猎文化色彩的花草、鸟、云、水等图案不但表现了赫哲族对自然的崇拜和信仰，其装饰艺术也集中表现在其鱼皮工艺、兽皮工艺、桦皮工艺及木器工艺、编织工艺、骨器工艺等方面。还有其他的娱乐体育形式（详见第二章第七节的"民族体育"），也都能充分展示出赫哲族渔猎文化的内容。这些都是可以开发利用的旅游资源，可以开发为旅游者喜欢的、具有很强参与性和娱乐性的旅游项目。

对于他族游客而言，虽然有些文化因素的含义是隐性的，是异于游客自身的文化背景的，但是这些文化因素的物质形态是显性的，是可以被感知的。这对旅游者而言，既有观赏性、审美性、艺术性，又有大众性、参与性，既体现出民族文化、民族精神，又体现出民族特点、民族优势，既有生活艺术化、艺术生活化的旨趣，又有物质生活与精神生活的价值观比较的回味。这些都是吸引旅游者的"亮点"，也正是民族文化旅游的重要卖点之一。

③民族节日和各种庆典活动。民族节庆活动，一方面它能充分展示其民族文化特色和民族精神，每一节日和庆典都是集中展示民族精神文化的活动；另一方面能通过节日和庆典过程沟通、加强族群团结和愉悦身心，民族节庆活动也是经济、政治、文化、教育、宗教活动。因而在少数民族的节日和庆典中，最能体现民族精神和民族文化的特征。诸如赫哲族的"乌日贡"大会是我国的赫哲人定期举行民族体育比赛和文艺演出的重大节日，以联络感情，增进族内的友谊。大会上进行各类文娱表演和各类体育比赛。大会上进行了游泳、划船、叉草球、摔跤、投叉、撒网、射击等具有民族特色的体育比赛。此类节庆活动，因其充分地展示出赫哲族的渔猎文化特点和风情，既为本民族所钟爱，又为"异族"旅游者所关注，从而已经成为赫哲文化旅游的一大"看点"。还有传统的七月十五的"放灯节"都可以开发利用。

④民族地域的自然环境和人文环境。地域环境是一个民族生存、生产生活、聚集的基本条件。离开这一特定的民族地域，其民族特色文化也就会削弱、淡化，甚至融化进其他民族及其文化中。民族文化只能植根于本土的土壤中，只能植根于体现民族氛围和民族环境的地域中。民族地域环境既是自然生态环境，也是人文生态环境。生态环境对民族的发展繁荣和民族文化具有长期的作用和影响。而且人们生活于不同的地理环境，在对环境的适应和改造过程中，创造出各具特色的文化。因此，每一个民族的社会与文化均深深地根植于一定的自然环境中，形成了各具特色的地域民族文化。

自古以来，赫哲族一直沿黑龙江中下游、松花江下游和乌苏里江流域迁徙、繁衍生息。黑龙江、松花江和乌苏里江冲积而成的"三江平原"的东北部三角地区是近代以来赫哲人的主要栖息地。三江平原地势低平，沼泽遍布，江河密集，湖泊众多。完达山余脉蜿蜒伸展于其间。完达山属长白山脉，其余脉多为低山、丘陵，海拔831米，森林茂密，动植物丰富。赫哲族所处的自然生态环境不但为赫哲族的生存、生产和生活提供了必要的物质条件，造就了赫哲族热情奔放的豪迈性格，同时也为优秀而独特的赫哲族渔猎文化的形成奠定了基础。不论是赫哲族所处地域环境以及自然景观，如冬季的冰雪景观和三江口的界江景色，还是由此而产生的渔猎文化，都是吸引游客的主要因素。

此外，环境是自然天生的，也是人为改造或创造的，甚至可以将自然环境与人文环境融为一体。少数民族所处的自然环境和在此环境中所建设的村寨、农田以及当地人的日常生活，甚至外来游客的活动都是构成民族地域环境的重要组成部分。从旅游市场营销学的角度看，旅游目的地——少数民族居住地人们的生产生活是旅游产品的重要组成部分，是重要的旅游吸引物，是外来游客想要了解和体验的一种经历。从旅游者的立场上考虑，旅游产品可以定义为以目的地活动为基础的有形和无形要素的组合。这个组合是可以用一定价格购买的经历。该产品包括五个主要因素：目的地景物和环境、目的地设施和服务、目的地的可进入性、目的地形象、提供给顾客的价格。所以，人文环境与自然环境同样重要，到同江的旅游者不但想要欣赏赫哲人生存的自然环境中的独特自然景观，更想了解赫哲人的过去和现在的生产和生活。保持自然环境与人文环境的和谐是民族文化旅游开发利用过程中，需要我们关注的首要问题。赫哲族新村的建设更应该遵循这个原则。

以上四类文化因素，都是民族旅游构成的宝贵资源这些资源。应该进行综合性的适度的开发和利用。当然，构成民族文化旅游内容的要素还不仅限于以上四方面，随着旅游业的发展和赫哲族文化的发展，人们的旅游视野会越来越开阔，人们对旅游目的地的追求也会越来越多样化、个性化，我们对旅游文化资源的认识也会有新的视野。同时，为了满足人们日益增长的文化旅游需求，我们也会发现新的文化因素可以开发利用。

2. 树立正确的民族文化旅游可持续发展的战略思想

由于民族问题的敏感性和民族文化旅游的特殊性，要实现民族文化旅游，特别是赫哲族这样人口较少的少数民族文化旅游的可持续发展，树立正确的思想和意识是实行可持续发展战略的基础和前提。而正确的可持续发展战略思想应该包括可持续发展意识、文化自觉意识、旅游文化产业意识、居民的主人翁意识、公平意识，以及文化遗产所有权意识等。

（1）可持续发展意识。赫哲民族文化旅游业发展要避免重走国内外一些旅游区的历史弯路。首先，必须树立旅游业、经济、社会、生态环境全方位的可持续发展观，努力实现旅游业经济效益、社会效益和环境效益在可持续发展基础上的统一。其次，为了实现这一目的，需要全面评估旅游业对该旅游地区的经济、社会、文化、环境的影响，以及现有制度、自然与文化体系对这些影响的承受能力。再者，设计和研发以可持续性为核心的旅游新产品，培养当地政府决策者、领导者、旅游开发商、投资商、旅游企业经营者、旅游者及居民的可持续发展意识，以使他们在实际工作中自觉地实施可持续发展的战略，使他们的行为和决策符合可持续发展的要求。此外，对旅游企业收取适当的资源损耗费，以加大对旅游社区环境的综合治理。

（2）民族文化自觉意识。"文化自觉"是指生活在一定文化中的人对其文化有"自知之明"，明白它的来历、形成的过程，所具有的特色和它的发展趋向，自知之明是为了加强对文化转型的自主能力，取得适应新环境、新时代文化选择的自主地位。因而，对赫哲人进行必要的民族文化教育十分必要。赫哲人既是民族文化的创造者、拥有者和文化保护的主体。主动积极地参与民族文化保护及民族文化旅游事业，促进民族传统文化的传承和发展。文化自觉是开发民族旅游的基础与前提，只有树立文化自觉意识，才可能正确处理旅游开发商、旅游者、当地居民，特别是当地赫哲族三者之间的关系、本土文化与外来文化之间的关系，为民族文化旅游的可持续发展创造一个安定团结的良好社会环境，才有可能达到"各美其美，美人之美，美美与共，天下大同"的理想及和谐境界。

（3）旅游文化产业意识。民族文化旅游应该是以某一民族的部分文化成分、独特的生态环境或文化特征或独特性为资源，在维持文化完整、保护生态环境的同时，以其民族文化保护发展、以满足当地居民的利益和旅游者的消费需求为目的，由民族居民参与的、通过旅游来观察或体验不同文化和生活方式的，跨文化交际的经历的旅游商品。区别于一般形式的旅游产品，文化差异性是激发旅游行为的主要动因，对旅游目的地民族文化的体验和了解是旅游者的根本目的。它具有文化和经济双重性，经济属性只是民族文化旅游的外壳，文化属性才是它的内核。文化旅游不是简单的购物行为，其消费行为不但需要旅游者的参与，也需要文化所有者的参与。值得注意的是，任何对当地文化或所有者的"蔑视""屈尊俯就"或"施恩于人"的态度和行为都会引发敏感的民族问题。民族文化旅游不仅涉及经济学范畴，也属于文化人类学、民族学范畴。因此，在民族旅游开发过程中如何仅售出文化形式而保存文化内涵，哪些文化因素是可以作为旅游资源来开发利用的，哪些是不能够或不应该开发利用的，这些都是值得民族文化旅游的参与者，特别是决策者深思的课题。

（4）民族文化的所有权意识和文化遗产产权意识。民族社区居民是民族文化的创造者和所有者，是民族文化遗产的继承者。这就意味着只有他们才是民族旅游开发的主人，而作为外来的旅游开发者是借助于少数民族的资源来满足自己利益需求的合作者。因此，外来投资融资者和开发者应该尊重他们对民族文化的所有权，具体表现在民族文化和文化遗产旅游项目开发过程中，必须尊重该民族的阐释权和展示权、参与权、以及收益权。民族文化旅游的发展，必须要切实维护社区居民的权益，并以不损害居民及其后代满足其旅游需求而进行旅游开发为前提。同时，通过有目的的、有计划的培训，使当地的居民增强自己的民族文化所有权意识和文化遗产产权意识，使他们自觉地、积极主动地维护自己的权益，积极地参与民族文化旅游事业。

（5）公平意识。公平意识是民族文化的所有权意识的延续，而公平分配是公平意识的具体体现。因为既然社区居民是民族文化的创造者、拥有者以及民族旅游资源的主人，他们就理应获得旅游经济收益的公平分配。这不但符合基本的社会公平道德标准，也更与可持续发展精神所吻合，如果他们不能在旅游发展中获得利益，成为"旁观者"，甚至"受害者"，那么，他们对保护民族文化以及民族文化旅游资源的动力也就丧失了，民族文化旅游的可持续发展也就没有了根基。外来的旅游开发者，理所当然有义务为他们获利所消耗的当地自然、人文资源付出补偿。因此，必须继续维护环境系统和文化的完整性，必须维护民族地区旅游经济效益的公平分配。

总之，只有旅游业的管理者、决策者以及相关参与者都树立了正确的民族文化旅游可持续发展的战略思想，才可能在民族文化旅游的发展过程中，积极地、正确地实施文化保护与民族文化旅游的可持续发展策略和具体措施。

3. 尊重少教民族的文化"阐释与展示权"

（1）尊重少数民族的文化"阐释与展示权"的必要性。根据我国现有的相关法律法规（见本章"民族文化旅游资源收益权"部分），民族文化的主体——少数民族村寨，应该拥有民族文化"阐释与展示权"。首先，尊重"阐释与展示权"是尊重民族文化所有权的一种具体体现。其次，尊重少数民族的展示权也体现了尊重少数民族的隐私权。因为，每个民族都有自己不便于或者不愿意向外界公开的隐秘，例如家族或族群内的隐私、私密的问题、以及与宗教仪式、某些民俗相关的敏感问题。尊重少数民族的"阐释与展示权"，要求旅游业的开发者、投资者以及旅游业经营者在以阐释与展示民族文化某些成分之前，必须征得他们的同意。

以旅游市场营销学的观点，阐释与展示是旅游景点常用的推介和宣传手段之一，是旅游产品的一个组成部分，关乎到产品的质量和品质的优劣，关乎到旅游者民族文化体验活动的成败与效果。尊重"阐释与展示权"利于保证向旅游者提供的信息的准确性，否则，肆意做出的违背事实或故意曲解的阐释与展示无法保证旅游者享受优质的旅游产品和体验，反而有损于旅游产品的质量。当然，也无法达到满足旅游消费者的需求，更无法吸引更多的旅游者。

符合旅游业可持续发展的道德标准要求。可持续的旅游业发展应该遵循道德标准，尊重东道主地区的文化与环境、经济与生活传统、原住民的行为、当地的领导与政治模式。民族文化是一个民族的灵魂、精神支柱、历史及民族智慧的结晶，而且民族文化中的"隐性文化"有些成分，如传统习惯、礼仪、宗教、道德观念和价值标准等属于精神文化，主要用于人们的精神生活，就不适合开发成旅游对象，也不能开发成旅游产品，否则将给当地民族文化带来极大的破坏。所以任何"外人"为了满足自身利益和意愿，对该民族文化所作的任何有意的或无意的、违背该民族意愿的、偏离事实的阐释与展示，显然是有悖于基本的社会道德标准，更有悖于起码的职业道德规范。

以文化人类学、民族学的观点，少数民族作为其民族文化的主体，尽管没有专家、学者那样高的理论水平，但无可置疑的是，他们对自己民族文化现象的含义了解最深，最全面、最真实。因此，较为真实的、准确地民族文化阐释与展示，应该，也必须以该民族对这些现象的理解和解释为基础，缘于民族内部的阐释与展示才可能避免对该民族文化发展的"误导"和负面的"暗示"效应。

从公共考古学的观点看，任何人对文化遗产的阐释都不可避免地受到其文化背景、受教育程度、学习与经验、甚至性别的影响和限制。只有具备同样文化背景和民族感的人才可能较为接近"事实"。

民族问题是一个敏感的感情问题，对民族文化的阐释与展示也是一个感情问题，稍有偏差就会使被阐释与展示者感到某种情感上的伤害、侮辱、歧视等等。而尊重相关民族的文化"阐释与展示权"恰恰可以避免这种情况发生，也可以避免"外来利用者"与文化所有者之间的误解和冲突。

总之，尊重少数民族的文化"阐释与展示权"十分必要，是民族地区各利益群体之间，特别是"外来者"与"东道主"之间和平共处的需要，更是民族文化保护与旅游可持续发展的需要。

（2）民族文化阐释与展示应奉行的基本原则。为了达到民族文化旅游可持续发展的目的，笔者认为民族文化的阐释与展示应该遵循以下基本原则：

①从尊重民族文化"阐释与展示权"的立场出发，任何对民族文化的阐释与展示均应该征求相关民族社团的意见，特别是有关宗教、民俗等敏感"隐性文化"因素。

②从尊重民族感情出发，尽可能客观准确地介绍和宣传优秀的民族传统文化，回避民族文化中忌讳的、或者与现代社会道德观念明显背离的部分，除非预先取得相关民族的同意和认可。

③兼顾教育性与娱乐性。民族文化旅游，不仅提供给来访者了解和认识他族文化的机会，是一种民族教育，同时，娱乐性有助于加深人们对该文化的认识和了解，娱乐性是旅游活动中不可或缺的要素。恰当的文化阐释与展示常常寓教于乐，但娱乐活动要顾及当地人的感受。因为，民族文化旅游是不同文化背景人们之间的文化交流，不同文化的人对娱乐活动的内容和方式有不同的解读和理解。

④调查来访者的背景、需求与兴趣，满足不同的需求。不同的旅游者或客源市场细分需要不同形式的阐释与展示。虽然，一个极其重要的，但是完全无法获得的目标是满足所有细分市场的需要，但是，阐释与展示者依然应该预先调查旅游者在教育背景、来访目的、语言、年龄以及性别方面的差异。根据不同的需求，提供不同的阐释与和展示方式和内容，以达到预期的、宣传民族文化及文化遗产的目的。

（3）确定、保证少数民族的文化"阐释与展示权"的措施与途径。由于长期以来，

"阐释与展示权"问题一直没有引起学界和政府、旅游界的重视，要确定和实际保证少数民族的文化"阐释与展示权"是困难的，不可能一蹴而就，需要采取一系列的措施和方法：

①树立正确的尊重少数民族文化的"阐释与展示权"意识，使政府管理部门、旅游开发商、投资融资商、旅游事业的经营者以及民族地区民众认识到尊重民族文化阐释与展示的重要性。

②通过地方立法，颁布相关法律、法规或者相关的管理条例，在法律上确定和保护少数民族的文化"阐释与展示权"，并明确地规定在民族地区旅游开发过程中，有关民族文化的阐释与展示必须尊重相关民族的意愿。任何有损于民族感情、违背道德以及宗教规范的、各种形式的阐释与展示均在被禁之列。对那些造成不良社会影响的行为责任人应予追究，并承担相关的经济赔偿及法律责任。

③将尊重少数民族的文化"阐释与展示权"正式列入旅游开发项目必需条款之一。政府的旅游等相关管理部门在审查旅游项目时，遵守严格的审查程序，对涉及民族文化阐释与展示的项目进行严格审查，必要时要申办单位提供相关少数民族团体的意见。具体地讲，当地的民族文化研究会完全可以代表相关民族表达自己的意见。

④通过"社区参与旅游"机制（见本章"社区参与策略"部分），相关少数民族村寨集体主动参与当地旅游项目的规划、开发及实施。在民族文化阐释与展示方面，主动提供意见和帮助。

⑤政府设立专门的基金，扶持有关民族文化阐释与展示项目，奖励少数民族知识分子、专家、学者等在民族文化阐释与展示方面的贡献。

⑥鼓励专家、学者参与民族文化阐释与展示工作，为少数民族地区的相关企事业部门相关人员、少数民族提供专业培训、咨询等服务。

⑦利用"社区参与"旅游机制，加强民族村寨民众的培训，特别是有关民族文化历史方面的培训和教育，使他们加深对自己历史文化的了解和认识，增强参与文化阐释与展示所需的知识和技能。

⑧通过各种途径和方式，少数民族村寨培养自己民族的导游员和解说员，并使更多的人参与阐释与展示工作，以掌握民族文化阐释与展示的主动权。

⑨对相关民族的成员，免费发放民族文化展示景点的"通行证"或"免票"，以方便他们重温自己的文化，也区分"拥有者"和"外来者"的区别。

另外，以上诸多措施的整体综合作用比单一的措施作用更有效，然而，有些措施可以单独先行发挥作用。在赫哲族地区的田野调查中，笔者发现，在当地的旅游开发过程中，当地的政府比较重视赫哲族的文化"阐释与展示权"，当地的赫哲族精英分子所组成的赫哲族文化研究会在这方面起到了非常积极的作用，并且取得了较好的效果。例如，中国赫哲族博物馆整体建筑风格的设计、内部文物的展示等都预先征求，并尊重了赫哲文化研究会的意见。与之形成鲜明对比的是，在赫哲族新村规划建设前，有关部门没有充分地征求赫哲人的意见，结果所建设的新村没有展示出赫哲族文化的特色，导致旅游者站在村内找新村。

总之，在民族文化发展中出现的问题使我们认识到，一方面，文化"阐释与展示权"缺失所造成的危害不容小视，我们应该认识到尊重民族文化"阐释与展示权"的重要性和解决这个问题的必要性；另一方面，我们应该坚持正确的民族文化阐释与展示原则，并采取必要的确认和保护少数民族的文化"阐释与展示权"的一系列相应措施，以达到民族文化旅游健康地、可持续地发展。

## 三、赫哲族民族文化传承发展的对策建议

### （一）提高认识，健全政策法规

1. 充分认识民族文化传承与发展的重要性和迫切性

当今社会，经济、政治、文化等各个方面正以惊人的速度在飞速前进，这其中不免有一些东西也在随时代发展而被日益摒弃。以少数民族文化为例，少数民族文化是中华民族文化的重要组成部分，是全民族共有的精神财富，同时也是构建文化软实力的重要基石。然而，随着现代化、全球化的冲击、人们生产生活方式的转变，有一部分人认为少数民族文化是落后的，与时代格格不入的，应予以摒弃。这种思想是错误的。我们应该认识到，少数民族文化是一个民族政治、经济等各个方面得以延续的重要支撑，是彰显民族特色的重要标志。试想，一个民族如果没有了本民族的文化特色，那么与其他民族又有何异？这样的民族也将迟早被其他民族同化。因此，应不断提升全民族对民族文化重要性的认识高度。

2. 进一步健全和完善民族文化政策

制定与实施健全完善的政策法规是提升民族文化认识的重要途径。我国少数民族传统文化博大精深，但在经历了数千年的发展、演化，主流文化的主导趋势下，一些文化正渐渐消失在人们的视野中，为此，应出台一些相应的政策法规，用以保障少数民族文化的传承，提高全民族对民族文化的重视。

国家关于民族文化保护的政策法规，绝大多数侧重于对民族语言文字、民族文物的保护关注，而对于一些民族特色浓郁的民族生产生活器具、民俗节日、民族音乐、民族舞蹈等方面还缺少完善的法规保障。此外，一些政策法规在实施过程中存在过于笼统，缺乏可

操作性等问题。因此，应在这些方面加以改进、完善。如，对于赫哲族的艺术瑰宝——伊玛堪说唱艺术和鱼皮衣制作技艺，国家应加强非物质文化遗产保护与发展方面的立法与现行相关法规的完善与实施，从而推进民族文化的发展与创新，提高全民族对民族文化的认识。

3. 加强宣传与引导，强化少数民族群众的文化自觉性

政府应加强对赫哲族群众的教育引导，宣传党和国家的民族文化政策。充分发挥各种媒体的舆论导向作用，唤起民族群众的文化保护意识，使其实现"自发"传承向"自觉"保护转变。

首先，可通过举办民族文化节日活动，强化民族认同意识。如可通过举办"乌日贡"大会，鼓励人们广泛参与，扩大参加"乌日贡"等节日的民族范围，引导汉族及其他民族也参与其中，提高人们对赫哲族文化保护重要性的认识，有利于增强民族凝聚力，提升全社会的民族文化保护意识。

其次，通过举办各类民族文化技艺培训班、手工艺培训班，加强民族文化技艺的创新与发展。可通过举办鱼皮制作技艺、桦树皮制作技艺培训班、伊玛堪说唱技艺培训班，还可以定期开展手工艺技能大赛，以及在中小学开设民族文化知识课程等，可使广大民族群众更好地了解赫哲族非物质文化遗产的丰富内涵。

再次，文化部门每年也应出版一些关于赫哲族民族文化的书籍、光盘等音像制品，可制成旅游纪念品，以成本价出售给游客；也可以通过广播、电视以及网络等传播媒介，宣传民族文化知识，传承民族精神，增强民族群众民族文化自觉性，强化民族自觉意识，使其成为传承民族文化的重要阵地。

## （二）建立健全公共文化服务体系，提升赫哲族整体文化素养

健全的公共文化服务体系是一个地区政治、经济、文化等各个方面得以均衡长效发展的重要保障。笔者就街津口赫哲族乡的公共文化服务体系现状亟需完善的方面，提出以下几点建议：

1. 加强政府引导，改善民族群众文化生活

政府应从街津口赫哲族乡群众的现状出发，加强对当地群众的文化引导。以乡文化站为重要阵地，广泛开展各种群众文化活动，动员全乡群众参与文化活动，活跃全乡文化力量。可组建乡业余文化队伍，利用农闲时节开展群众喜闻乐见的文化娱乐活动。请乡里有名望的老艺人指导编排各种富有民族文化特色的文艺节目，并给予其一定报酬，到周边各地巡回演出，进而弘扬民族优秀文化，改善民族乡村"文化贫瘠"现象。狠抓城乡互动联动，积极探索"三下乡"活动的长效机制，以结对子、文化扶贫、指导乡镇文化馆等多种

模式深入基层，开展文化知识宣传讲座，提高群众文化素养，提升公共文化服务能力。

2. 构建多渠道经费投入体系，加大资金投入力度，完善公共文化基础服务设施

当今，经费投入不足是影响赫哲族文化发展的瓶颈。在市场经济背景下，应该积极探究和构建以政府投入为主，调动社会力量为辅，加大文化建设投入，逐步建立国家、集体、个人、社会相结合的多渠道投入体系，走市场化发展路子的先进机制。

首先，坚持以政府投入为主的原则，政府和有关部门安排一定的专项基金，对赫哲族公共文化设施建设及传统文化保护给予适当的扶持和倾斜，完善赫哲族乡文化服务基础设施。

其次，要努力适应市场经济发展的要求，引入市场机制，积极探索个人捐资、社会筹资、引进外资、利用民资等多种办法，进一步拓宽赫哲族传统文化阵地建设的投资渠道，逐步形成多元化的投资格局。

### （三）大力发展民族教育事业

1. 健全教育投入机制，加大民族教育投入力度

在传统社会，文化的传承往往是上下代之间生活方式的连贯和延续中通过文化传承的过程来进行的，而在现代社会，学校教育则是民族文化传承的重要渠道，学校教育既是传递文化知识的活动，也是一个民族文化传承的主要途径，同时对提升民族个体对本民族文化传统的认知具有决定作用。充分发挥学校教育在传承民族文化方面的作用，首先应该加大投入，改善街津口赫哲族乡学校的办学条件，完善校舍及教学设施配置，设立寄宿制中小学学生生活补助专项资金，合理分配教育软环境与教学设施的投入比例。增加教师培训经费投入，继续推进双语教学研究，大力培训双语师资，建设一支高素质、以赫哲族为主体的教师队伍，国家对双语教材的研究开发给予重点扶持，提高教学质量，设立教育发展基金，鼓励社会各界人士捐资助学。提高教师补贴，增加民族农村地区教师住房补贴及通勤补贴等费用。完善资金落实政策，及时下发教师补贴。提高学生补助。同等条件下，高等学校少数民族学生优先享受国家资助政策。提高教师工资待遇，以优厚的待遇吸引优秀人才到民族地区从事教育工作，稳定民族地区工作的教师队伍。

2. 加强教师培训力度，强化民族文化教育师资队伍建设

选派同江市、佳木斯市骨干教师深入赫哲族中心校开展教师技能培训专题讲座，提升当地教师教学技能，交流教学方法。政府有必要出台更多政策来支持民族地区学校教育，上级应从民族师范学校选派若干优秀民族师范教师，以扩充赫哲族学校的教师人才队伍，并且在工资、政策方面给予更多优惠，稳定教师队伍。有义务鼓励扶持教师开展科研课题，以提升教学质量，稳定生源。同时要完善教师奖励机制，激发其工作热情。完善教师

综合素质考核评价体系，稳步提升教师整体素质。

### （四）坚持民族文化事业与文化产业共同发展，不能顾此失彼

主流文化与外来文化的发展，民族文化面临前所未有的冲击和挑战，许多文化正逐渐消失或被主流文化所同化。因此，我们需要对民族文化加以特殊抢救和保护，但并不是一味的保护，保护的同时也应注意到文化的开发，即要大力发展民族文化产业。民族文化产业是民族文化得以延续发展的不绝动力。

民族文化正处于相对边缘的状态，需要政府以及社会各界投入更多的人力、物力、财力来发展民族文化事业，但如不能充分挖掘民族文化资源、发展民族文化产业，其内部的文化活力将难以激活，民族文化发展所需的资金也将难以保障，民族文化可持续发展也将无法实现，因此要坚持民族文化事业与文化产业双向发展，不能顾此失彼。

1. 要注重民族文化的保护

不管是民族文化的传承还是民族文化产业的发展，做好民族文化基础性工作是第一步，也是关键。一个民族文化得以完好地保护下来，必将为其长久的发展奠定基石。反过来，民族文化的可持续发展也将是对其文化的良性传承。对此，政府应合理调配文化发展的各项资金投入比例。设立少数民族文化发展专项资金，加强对赫哲族文化遗产的挖掘。同时要保证资金按期如数下发到位，防止挪用、乱用现象发生。如投资开设赫哲族鱼皮制作技艺培训班、更新伊玛堪艺术团演出设备，完善赫哲族网站的各项更新与维护。另外，对于长期从事民族文化研究的工作者应给予合理的经费补助，以便更专注地研究民族文化。

2. 重视文化产品生产与创新，满足民族群众日益增长的物质文化需求

当今世界，民族文化产品的已成为民族文化传承的重要媒体，一种文化产品的流通与输出也是一个民族文化传播扩散的过程。因此，应加强民族文化附加值高、科技含量高的文化产品的生产与输出，同时借鉴其他民族的先进生产技术提升本民族文化产品的文化附加值。加强民族文化产品自主创新研发能力，为民族文化发展注入活力。如赫哲族传统的鱼皮画、桦树皮画应在不失民族特色的基础上，加上制作程序的技术创新，同时在其图案选择上也可以融入主流文化的元素，使其被更多的人群接受喜欢。

3. 积极挖掘民族文化资源，发展民族旅游业

一个民族的生存延续，离不开本民族的特色文化做根基。同样，一种文化的传承发展，也必须要有自己的民族根基与文化形象。因此，依托民族地区资源优势，把握传统工艺与现代技术的有机结合，打造更多民族特色浓郁的文化、艺术产品，打造文化品牌。街津口赫哲族乡政府应加大投入，并鼓励社会集资，利用当地特色鱼皮制作工艺、桦树皮制

作工艺、鱼味美食烹饪等，打造一定规模的"工艺长廊作坊""鱼味美食连锁加盟公司"等文化产业，同时也可以利用当地街津山、三江汇流等山环水绕的地理优势以及冬季冰雪等优越气候条件，开发一系列休闲娱乐项目，可发展大型冰雪欢乐谷、水上乐园，开发建造休闲旅游与度假村等新兴文化产业。同时，也可以发展网络文化产业，利用互联网，开发网络文化市场。将当地文化产品发布到网上进行销售，让越来越多的优秀文化产品占据网络市场，可以开办文化产品博览会，进而带动相关产业的发展，是向外界展示民族文化特色的重要平台。

大力发展民族文化事业与文化产业的同时，也要处理好二者之间的关系。民族文化事业是政府引导、鼓励社会参与，具有公益性质，根本目的是为人民群众提供文化服务，满足人民群众日益增长的精神文化需求。提高人民素质，增强中华民族凝聚力，促进各民族的团结进步，对于加速民族地区政治、经济等各方面发展有重要意义。民族文化产业则是社会为主导、政府引导规范，以营利为目的，满足人们的物质需求，促进民族文化事业的繁荣。

4. 加强民族地区文化人才建设

开发民族地区人力资源，凝结民族地区人才的力量与才智，是增强民族文化软实力，贯彻落实科学发展观，构建社会主义和谐社会的客观要求与必然选择。

第一，拓宽民族文化传承人范围，建立健全文化传承人保护机制。有年龄段阶梯式地培育热衷本民族文化的艺术人才，缓解民族文化人才青黄不接的断层局面。培养出一批热爱本民族文化且技艺精湛又具有奉献精神的专业人才。鼓励文化传承人进行开班授课传授非物质文化遗产传承技艺。授予老艺人荣誉称号，颁发津贴补助，并严格按时颁发传承人补助，完善奖励机制。同时要关心他们的生活，调动艺人们传承本民族文化的积极性与创新性。通过录音、记录等方式加快挖掘整理赫哲族传统文化的工作进程，为后人全面了解赫哲族民族文化留下更多史料。

第二，为满足民族地区农民文化生活的需求，加强文化站管理人才与专业技能人才的培训，并汇编人员数量。以加强民族文化的普及工作。

第三，加强民族文化产业管理人才的培训，制定相关管理制度。提高风情园讲解员的综合素质，定期开展鱼皮制作技艺交流会，加强手工艺人之间的技艺交流，提升工艺品的品位与科技含量，满足游客的审美需求。继续实行培养民族高层次人才计划，开设民族文化管理相关课程。培养高素质的年轻民族干部、文化事业人才以及马克思主义民族理论与政策研究人才。完善用人机制，提供更多培训就业机会，稳定民族地区优秀人才队伍。同时，聘请专家进行远程教育培训。

# 参考文献

[1] 苑利，顾军. 非物质文化遗产保护前沿话题 [M]. 北京：文化艺术出版社，2017.

[2] 王燕. 现代化进程中的非物质文化遗产与保护 [M]. 北京：文化艺术出版社，2018.

[3] 李荣启. 非物质文化遗产保护研究文集 [M]. 北京：文化艺术出版社，2016.

[4] 阙全安. 非物质文化遗产保护的实践与思考 [M]. 福州：福建科学技术出版社，2016.

[5] 邹珺. 民族非物质文化遗产保护与传承 [M]. 长春：吉林大学出版社，2016.

[6] 蒋万来. 传承与秩序　我国非物质文化遗产保护的法律机制 [M]. 北京：知识产权出版社，2016.

[7] 魏崇周. 非物质文化遗产保护与国民价值观培育研究 [M]. 郑州：河南人民出版社，2016.

[8] 邱春林. 手工技艺保护论集 [M]. 北京：文化艺术出版社，2018.

[9] 向云驹. 非物质文化遗产的若干哲学问题及其他 [M]. 北京：文化艺术出版社，2017.

[10] 刘守华. 非物质文化遗产保护与民间文学 [M]. 武汉：华中师范大学出版社，2014.

[11] 冯骥才. 为文化保护立言 [M]. 北京：文化艺术出版社，2017.

[12] 宋俊华，王开桃，康保成主编. 非物质文化遗产保护研究 [M]. 广州：中山大学出版社，2013.

[13] 王文章. 非物质文化遗产保护研究 [M]. 北京：文化艺术出版社，2013.

[14] 中国社会科学院知识产权中心主编. 非物质文化遗产保护问题研究 [M]. 北京：知识产权出版社，2012.

[15] 乌丙安. 非物质文化遗产保护理论与方法 [M]. 北京：文化艺术出版社，2010.

[16] 潘年英. 非物质文化遗产保护与本土经验 [M]. 贵阳：贵州人民出版社，2009.

［17］代越，王稳. 非物质文化遗产活态保护模式研究［J］. 明日风尚，2020（21）：146-147.

［18］胡容. 非物质文化遗产活态保护与旅游开发研究［D］. 湘潭大学，2020.

［19］刘国臣. 文化空间：非物质文化遗产活态性保护的实践［J］. 汉字文化，2019（22）：179-181.

［20］宋慰祖. 非物质文化遗产的活态化保护与传承［J］. 群言，2019（07）：29-31.

［21］谈国新，张立龙. 非物质文化遗产数字化保护与传承刍议［J］. 图书馆，2019（04）：79-84.

［22］邢鹏飞，崔研因. 青州府花边大套活态化保护研究［J］. 山东工艺美术学院学报，2019（02）：79-82.

［23］徐顺昌. 活态保护模式下非物质文化遗产转化研究［D］. 东南大学，2018.

［24］王淑娅. 山西襄汾丁村古村落民居活态化保护模式研究［J］. 电视指南，2018（02）：211.

［25］沈文虹. 传承发展　活态保护——论非物质文化遗产生活化保护［J］. 大众文艺，2016（17）：202.

［26］李琳，滕志朋. 非物质文化遗产档案式保护：从静态走向活态——以仫佬族民歌档案为例［J］. 黑龙江史志，2014（13）：95-96.

［27］叶原. 十年民间美术研究回顾——从"非物质文化遗产"的影响与存在问题说开去［J］. 美术观察，2013（11）：18-19.

［28］陈勤建. 让非物质文化遗产在民众生活中活态保护传承——再论现实生活与非物质文化遗产活态保护的关系［C］//中日韩非物质文化遗产保护比较暨第三届中国高校文化遗产学学科建设学术研讨会论文集，2011：125-131.

［29］蒲娇. 从"活态保护"论非物质文化遗产观的转变［D］. 天津大学，2009.

［30］王丽芳. 我国非物质文化遗产活态保护的可行性分析［D］. 中南大学，2007.

［31］吴琼. 非物质文化遗产与文创产业融合发展路径探析［J］. 大庆社会科学，2021（06）：123-126.

［32］王桂霞，樊颖. 非物质文化遗产文创产业的知识产权保护问题与应对策略［J］. 法制博览，2021（35）：149-151.

［33］赵尔文达. "文化生态保护区"研究：现况与展望［J］. 青海民族大学学报（社会科学版），2021，47（04）：161-169.

［34］徐飞. 非物质文化遗产研究现状分析——基于CNKI（2003-2019）数据［J］. 情报科学，2021，39（12）：179-186.

［35］梁萍.非物质文化遗产活态传承与创新发展研究［J］.文化产业，2021（33）：61-63.

［36］吴垠.乡村振兴中非物质文化遗产保护与传承的价值分析［J］.参花（下），2021（11）：36-37.

［37］易玲，肖樟琪，许沁怡.我国非物质文化遗产保护30年：成就、问题、启示［J］.行政管理改革，2021（11）：65-73.

［38］马知遥，常国毅.非物质文化遗产保护与传承深化阶段——2011—2020年热点问题研究综述［J］.原生态民族文化学刊，2021，13（06）：44-59，154.

［39］郭翠潇.构建科学、合理的非物质文化遗产分类体系——以《保护非物质文化遗产公约》名录数据库的统计分析为中心［J］.民族文学研究，2021，39（06）：158-168.

［40］马风藤，曹赫，赵海浩，王婷婷.非物质文化遗产的法律保护现状及完善建议［J］.对联，2021，27（11）：33-34.

［41］王红蕾，徐海静.我国非物质文化遗产建档保护研究文献综述［J］.兰台世界，2021（11）：45-48.

［42］张俊福.非物质文化遗产保护与传承的城镇化路径——以河州花儿为例［J］.西北民族大学学报（哲学社会科学版），2021（06）：78-86.

［43］王建华，栗帅东.国内非物质文化遗产数字化保护研究现状［J］.湖南包装，2021，36（05）：1-6，37.

［44］唐秀君.非物质文化遗产的保护与传承分析［J］.艺术品鉴，2021（32）：114-115.

［45］谷国英.新时期非物质文化遗产的保护与传承［J］.炎黄地理，2021（10）：38-40.

［46］陈航.活态保护视角下手工技艺类非物质文化遗产旅游利用路径研究［J］.文化学刊，2021（05）：40-42.